Racconti in Ungherese

Racconti in Ungherese per principianti e intermedi

Anna Kiss

greenthumbpublishing@gmail.com

Contenuti

Introduzione

La lettura di una lingua straniera è uno dei modi più efficaci per migliorare le competenze linguistiche e ampliare il vocabolario. Tuttavia, a volte può essere difficile trovare materiali di lettura coinvolgenti e di livello adeguato, che diano una sensazione di realizzazione e di progresso. La maggior parte dei libri e degli articoli scritti per i madrelingua può essere troppo lunga e difficile da capire, oppure può avere un vocabolario di livello molto alto, per cui ci si sente sopraffatti e si rinuncia. Se questi problemi vi suonano familiari, allora questo libro fa per voi!

Racconti Brevi in Ungherese è una raccolta di 25 racconti non convenzionali e divertenti pensati per aiutare gli studenti di livello da principiante a intermedio di Ungherese a migliorare le loro competenze linguistiche.

Questi racconti creano un ambiente di lettura di supporto, includendo;

- Ricchi contenuti linguistici in diversi generi per intrattenere l'utente ed esporlo a una varietà di forme di parole.
- Storie brevi in capitoli per darvi la soddisfazione di finire le storie e progredire rapidamente.
- Testi scritti al vostro livello in modo da essere più facilmente comprensibili e non opprimenti.
- Traduzione italiana a pagine alterne per potervi fare riferimento direttamente riga per riga durante la lettura della storia Ungherese.
- I vocaboli chiave sono stampati in grassetto lungo tutta la storia e la traduzione per aiutare a capire meglio le parole non familiari.

- Domande di comprensione per testare la comprensione degli eventi chiave e per incoraggiare la lettura più approfondita.

Se volete ampliare il vostro vocabolario, migliorare la vostra comprensione o semplicemente leggere per divertimento, questo libro è il più grande passo avanti che farete nei vostri studi quest'anno. I Racconti Brevi in Ungherese vi daranno tutto il supporto di cui avete bisogno, quindi sedetevi, rilassatevi e lasciate correre la vostra immaginazione mentre venite trasportati in un magico mondo di avventura, mistero e intrighi - in Ungherese!

Come utilizzare questo libro

La lettura è un talento difficile da padroneggiare. Nella nostra lingua madre usiamo una serie di micro-abilità per aiutarci a leggere. Ad esempio, possiamo sfogliare un brano per avere una comprensione approssimativa del contenuto. Oppure potremmo sfogliare numerose pagine di un orario ferroviario alla ricerca di un orario o di un luogo specifico. Mentre queste micro-abilità sono una seconda natura quando leggiamo nella nostra lingua madre, la ricerca rivela che spesso dimentichiamo la maggior parte di esse quando leggiamo in una lingua straniera. Quando si impara una lingua straniera, di solito si parte dall'inizio di un testo e lo si sfoglia, cercando di capire ogni singola parola. Inevitabilmente, ci imbattiamo in termini sconosciuti o complessi e ci infastidisce l'incapacità di comprenderli.

Uno dei maggiori vantaggi della lettura di una lingua straniera è quello di essere esposti a un gran numero di frasi ed espressioni che vengono utilizzate nelle situazioni quotidiane. La lettura intensiva è un termine usato per descrivere la lettura per piacere al fine di imparare una lingua. Non è come la lettura di un libro di testo, quando le conversazioni o i testi sono concepiti per essere letti lentamente e con attenzione con l'obiettivo di comprendere ogni parola. La "lettura intensiva" si riferisce alla lettura effettuata per raggiungere obiettivi di apprendimento specifici o per completare compiti. In altre parole, la lettura approfondita dei libri di testo di solito favorisce l'apprendimento di regole grammaticali e di un vocabolario particolare, mentre la lettura intensiva di storie favorisce l'apprendimento del linguaggio

naturale.

I Racconti Brevi in Ungherese vi offriranno l'opportunità di conoscere meglio la lingua naturale Ungherese in uso, anche se forse avete iniziato il vostro percorso di apprendimento delle lingue esclusivamente con i libri di testo. Ecco alcuni suggerimenti da tenere a mente mentre leggete le storie di questo libro per trarne il massimo beneficio: Quando si tratta di leggere, il divertimento e il senso di realizzazione sono fondamentali. Si continua a tornare perché ci si diverte a leggere. Leggere ogni storia dall'inizio alla fine è il metodo migliore per godersi le storie e sentirsi realizzati. Di conseguenza, la cosa più importante è arrivare alla fine di una storia. È più importante che conoscere ogni singola parola.

Più si legge, più si acquisisce conoscenza. Se si leggono libri più grandi per piacere, si acquisisce rapidamente una conoscenza di come funziona la Ungherese. Tuttavia, tenete presente che per ottenere tutti i benefici della lettura estensiva, dovete prima leggere un volume sufficientemente consistente. Leggere qualche pagina qua e là può insegnare qualche parola nuova, ma non farà una differenza significativa nel livello generale di Ungherese.

Accettate il fatto che non riuscirete a comprendere tutto ciò che leggete in un romanzo. Questo è, senza dubbio, il punto più cruciale! Ricordate sempre che non capire tutte le parole o le frasi è assolutamente accettabile. Non significa che le vostre competenze linguistiche siano inadeguate o che il vostro rendimento sia scarso. Indica che state partecipando attivamente al processo di apprendimento.

Guida alla lettura

Per trarre il massimo beneficio dalla lettura di Racconti Brevi in Ungherese, è meglio seguire questo semplice processo di lettura in sei fasi per ogni capitolo dei racconti:

1. Leggete il titolo del capitolo. Pensate al tema della storia. Poi leggete la storia fino in fondo. Il vostro obiettivo è semplicemente quello di arrivare alla fine della storia. Pertanto, non fermatevi a cercare le parole e non preoccupatevi se ci sono cose che non capite. Cercate semplicemente di seguire la trama.

2. Quando arrivate alla fine della storia, scrutate la traduzione italiana per vedere se avete capito cosa è successo e per cogliere il contesto che vi è sfuggito.

3. Tornate indietro e rileggete la stessa storia. Se volete, potete concentrarvi di più sui dettagli della storia rispetto a prima, ma altrimenti leggete semplicemente un'altra volta.

4. Successivamente, leggete le domande di comprensione in Ungherese per verificare la vostra comprensione degli eventi chiave della storia. Se non capite completamente le domande, non preoccupatevi. Utilizzate le vostre conoscenze per rispondere al meglio.

5. A questo punto dovreste aver compreso gli eventi principali del capitolo. In caso contrario, potreste rileggere il capitolo alcune volte utilizzando la traduzione per controllare le parole e le frasi sconosciute fino a quando non vi sentirete sicuri.

Una volta che siete pronti e sicuri di aver capito cosa è successo - che sia dopo una o più letture della storia - passate alla storia successiva e continuate a godervi la storia al vostro ritmo, proprio come fareste con qualsiasi altro libro.

Solo una volta completata una storia nella sua interezza, si può pensare di tornare indietro e studiare il linguaggio della storia in modo più approfondito, se lo si desidera. Oppure, invece di preoccuparvi di capire tutto, prendetevi del tempo per concentrarvi su ciò che avete capito e congratularvi con voi stessi per quanto avete fatto.

Racconti in Ungherese

Anna Kiss

Budapest

Budapest, Magyarország A kultúra és a **történelem** városa, ahol Kelet és Nyugat találkozik, és amely az évek során számos kreatív elmének adott otthont. Az egyik ilyen elme egy Klara nevű fiatal nőé volt. Művész volt, és szenvedélye a festészet volt. De szerette a zenét is, és gyakran dúdolta a dallamokat, miközben legújabb remekművén **dolgozott.** Egy ilyen dallam volt az, ami egy nap felkeltette egy arra járó idegen figyelmét. Egy pillanatra megállt, hogy **meghallgassa,** majd megkérdezte, hogy csatlakozhat-e hozzá. Klara először habozott, de aztán beleegyezett.

Így kezdődött egy csodálatos barátság két rokonlélek között, akiknek közös a művészet és a zene iránti szeretetük. Klara és az **idegen,** aki László néven mutatkozott be, hamarosan jó barátok lettek. Gyakran találkoztak, hogy együtt fessenek vagy **zenéljenek.** És az egyik ilyen találkozás alkalmával László elmesélte Klárának, hogy **álma,** hogy egy nap híres zeneszerző legyen. Klárát lelkesítette barátja ambíciója, és megígérte, hogy segít neki elérni a célját. Elkezdte bemutatni őt olyan embereknek a városban, akik elősegíthették volna a karrierjét. És nemsokára László neve Budapest-szerte ismert lett, mint tehetséges zenész és **zeneszerző**.

Budapest

Budapest, Ungheria Una città ricca di cultura e di **storia**, dove l'Oriente incontra l'Occidente, e un luogo che nel corso degli anni ha ospitato molte menti creative. Una di queste menti apparteneva a una giovane donna di nome Klara. Era un'artista e la sua passione era la pittura. Ma amava anche la musica e spesso si ritrovava a canticchiare brani mentre **lavorava** al suo ultimo capolavoro. Fu proprio una di queste melodie che un giorno attirò l'attenzione di uno sconosciuto di passaggio. Si fermò ad **ascoltare** per un momento, poi chiese se poteva unirsi a lui. Klara dapprima esitò, ma poi accettò.

Iniziò così una bella amicizia tra due spiriti affini che condividevano l'amore per l'arte e la musica. Klara e lo **sconosciuto**, che si presentò come Laszlo, divennero presto buoni amici. Si incontravano spesso per dipingere o **suonare** insieme. Fu proprio durante una di queste sessioni che Laszlo raccontò a Klara il suo **sogno** di diventare un giorno un famoso compositore. Klara fu ispirata dall'ambizione dell'amico e promise di aiutarlo a raggiungere il suo obiettivo. Iniziò a presentargli persone in città che avrebbero potuto promuovere la sua carriera. In breve tempo, il nome di Laszlo fu conosciuto in tutta Budapest come musicista

Ahogy László csillaga kezdett felemelkedni, úgy nőtt Klara saját művészi **hírneve is.** Festményei iránt most már nagy volt a kereslet, sőt, sikerült néhány munkáját igen jó áron eladnia. A siker ellenére Klara azonban soha nem feledkezett meg barátjáról, Lászlóról, és továbbra is támogatta őt zenei **törekvéseiben**. Több év kemény munka és odaadás után Klara és László is elérte álmait; ma már elismert művészek voltak a saját szakterületükön, és **fényes** jövő állt előttük. Köszönjük, hogy meghallgatták történetünket. Az évek teltek, Klara és László jó barátok maradtak, kötelékük erősebb, mint valaha. Továbbra is **gyönyörű** művészetet alkottak együtt, amelyet az általuk annyira szeretett város - Budapest - ihletett. És amikor még egyszer utoljára nézték a naplementét a Duna felett, tudták, hogy történetük örökre emlékezetes marad ezen a **varázslatos** helyen.

e **compositore** di talento.

Mentre la stella di Laszlo cominciava a crescere, anche la **reputazione di** Klara come artista aumentava. I suoi dipinti erano ormai molto richiesti e lei era persino riuscita a vendere alcune delle sue opere a un prezzo molto buono. Ma nonostante il successo, Klara non dimenticò mai il suo amico Laszlo e continuò a sostenerlo nei suoi **sforzi** musicali. Dopo diversi anni di duro lavoro e dedizione, sia Klara che Laszlo avevano realizzato i loro sogni; ora erano artisti rispettati nei loro rispettivi campi e avevano un futuro **brillante** davanti a loro. Grazie per aver ascoltato la nostra storia. Gli anni passarono e Klara e Laszlo rimasero buoni amici, con un legame più forte che mai. Continuarono a creare insieme **splendide** opere d'arte, ispirate alla città che amavano tanto, Budapest. E mentre guardavano il sole tramontare sul fiume Danubio per l'ultima volta, sapevano che la loro storia sarebbe stata ricordata per sempre in questo luogo **magico**.

Értelmezési kérdések

1. Mi a város a szövegben?

2. Ki a történet főszereplője?

3. Mi a főszereplő szenvedélye?

4. Mit tesz az idegen, amikor meghallja Klara dúdolását?

5. Mi az idegen álma?

6. Hogyan segít Klara az idegennek megvalósítani az álmát?

7. Mi az eredménye Klára és László barátságának?

8. Mit tesz Klara, amikor sikeres lesz?

9. Mit érez Klara és László a történet végén?

10. Mi a történet témája?

Domande di comprensione

1. Qual è la città del testo?

2. Chi è il protagonista della storia?

3. Qual è la passione del protagonista?

4. Cosa fa lo straniero quando sente Klara canticchiare?

5. Qual è il sogno dello straniero?

6. In che modo Klara aiuta lo straniero a realizzare il suo sogno?

7. Qual è il risultato dell'amicizia tra Klara e Laszlo?

8. Cosa fa Klara quando ha successo?

9. Come si sentono Klara e Laszlo alla fine della storia?

10. Qual è il tema della storia?

Tokaji bor

Sötét és viharos éjszaka volt. A szél süvöltött a **fák** között, leveleket és ágakat repített a levegőbe. A távolban mennydörgés dübörgött, mint egy dühös vadállat. Aznap este mindenki a tokaji borra gondolt, miközben otthonukban a tűz köré húzódtak, az édes **nektárt** kortyolgatták, és történeteket meséltek a régmúlt időkről. A vihar egész éjjel tombolt, de reggelre egy csepp eső sem esett. A nap előbukkant a felhők mögül, és **meleg** fényt árasztott a földre. A madarak énekelni kezdtek, és az emberek előbújtak otthonukból, pislogva a hirtelen jött fényben. Úgy tűnt, minden rendben van a világban - egészen addig, amíg észre nem vették a **vihar** által hátrahagyott károkat.

Fákat döntöttek ki, házakat **rongáltak meg,** és ami a legrosszabb - sok szőlőültetvény, ahol tokaji bort termelnek, elpusztult. Évekbe fog telni, amíg ezek a szőlőültetvények helyreállnak... de az ilyen időkben az emberek mindig megtalálják a módját, hogy kitartsanak. A vihar tönkretehette a szőlőültetvényeket, de az itt élő emberek **lelkét** nem tudta megérinteni. Ők egy szívós társaság, akik hozzászoktak a nehézségek leküzdéséhez. Így hát munkához láttak, újjáépítették otthonaikat és újraültették szőlőiket. Hosszú lesz a felépülés útja, de minden egyes nappal egy kicsit

Vino Tokaji

Era una notte buia e tempestosa. Il vento ululava tra gli **alberi**, facendo volare in aria foglie e rami. In lontananza, i tuoni rimbombavano come una bestia inferocita. Il vino Tokaji era nella mente di tutti quella sera, mentre si stringevano intorno al fuoco nelle loro case, sorseggiando il dolce **nettare** e raccontando storie di giorni passati. Il temporale imperversò per tutta la notte, ma al mattino non c'era una goccia di pioggia. Il sole fece capolino da dietro le nuvole, proiettando un **caldo** bagliore sulla terra. Gli uccelli cominciarono a cantare e le persone uscirono dalle loro case, sbattendo le palpebre alla luce improvvisa. Tutto sembrava di nuovo a posto con il mondo, finché non notarono i danni lasciati dalla **tempesta**.

Gli alberi sono stati sradicati, le case sono state **danneggiate** e, soprattutto, molti dei vigneti dove si produce il vino Tokaji sono stati distrutti. Ci vorranno anni prima che questi vigneti si riprendano... ma in tempi come questi, le persone trovano sempre un modo per perseverare. La tempesta può aver distrutto i vigneti, ma non ha toccato lo **spirito delle** persone che vivono qui. Sono persone resistenti, abituate a superare le avversità. Così si sono messi al lavoro, ricostruendo le loro case e ripiantando le loro vigne. La strada per la

közelebb érzik **magukat** ahhoz, hogy visszatérjenek oda, ahol korábban voltak. Addig is, továbbra is élvezik a tokaji bort - mert még a nehéz időkben is mindig van idő egy kis **édességre** az életben.

A szőlőültetvények végre kezdenek **helyreállni**, és a tokaji bor első új termése készen áll a szüretre. Izgalom van a levegőben, ahogy az emberek összegyűlnek, hogy **együtt** ünnepeljék ezt a jelentős eseményt. Emelik poharukat, koccintanak a jövőre, és élvezik a **siker** édes ízét. Lehet, hogy időbe telt, de végre visszatértek - erősebben, mint valaha. Az évek elteltek, és a szőlőültetvények ismét virágoznak. A tokaji bor népszerűbb, mint valaha, és a világ minden tájáról érkeznek emberek, hogy meglátogassák ezt a **gyönyörű** helyet. Ez egy új fejezet a tokaji bor történetében - egy olyan fejezet, amely biztosan ugyanolyan édes lesz, mint maga a **nektár.**

ripresa sarà lunga, ma ogni giorno che passa si sentono un po' **più vicini a** tornare al punto di partenza. Nel frattempo, continuano a godersi il vino Tokaji, perché anche nei momenti difficili c'è sempre tempo per un po' di **dolcezza** nella vita.

I vigneti iniziano finalmente a **riprendersi** e il primo nuovo raccolto di vino Tokaji è pronto per essere vendemmiato. C'è un senso di eccitazione nell'aria mentre le persone si **riuniscono** per celebrare questa occasione importante. Si alzano i bicchieri, si brinda al futuro e si assapora il dolce sapore del **successo**. Ci è voluto un po' di tempo, ma alla fine ce l'hanno fatta, più forti di prima. Gli anni sono passati e i vigneti sono tornati a prosperare. Il vino Tokaji è più popolare che mai e persone da tutto il mondo vengono a visitare questo **bellissimo** posto. È un nuovo capitolo nella storia del vino Tokaji, un capitolo che sarà sicuramente dolce come il **nettare** stesso.

Értelmezési kérdések

1. Mi járt mindenki fejében a vihar estéjén?

2. Reggel mi volt az első jele annak, hogy a vihar elvonult?

3. Milyen károkat szenvedtek a szőlőültetvények?

4. Mit éreztek az emberek a szőlőültetvények pusztulása miatt?

5. Mit tettek az emberek a vihar után?

6. Mennyi időbe telt, amíg a szőlőültetvények helyreálltak?

7. Amikor a szőlőültetvények kezdtek helyreállni, hogyan érezték magukat az emberek?

8. Miben más most a tokaji bor, mint a vihar előtt?

9. Mi a tokaji bor történetének új fejezete?

10. Mit gondol a szerző a tokaji borról?

Domande di comprensione

1. Cosa pensavano tutti la sera della tempesta?

2. Al mattino, qual è stato il primo segno che la tempesta era passata?

3. Quali sono stati i danni subiti dai vigneti?

4. Come si sentiva il popolo per la distruzione delle vigne?

5. Cosa fece la gente dopo la tempesta?

6. Quanto tempo ci è voluto per la ripresa dei vigneti?

7. Quando i vigneti cominciarono a riprendersi, come si sentì la gente?

8. In che modo il vino Tokaji è diverso oggi rispetto a prima della tempesta?

9. Qual è il nuovo capitolo della storia del vino Tokaji?

10. Cosa pensa l'autore del vino Tokaji?

Balaton

A Balaton fölött már lement a nap, és az utolsó **turisták is** összepakolták a holmijukat, és elindultak vissza a szállodájukba. De volt egy ember, aki még nem akart távozni. Annának hívták, és imádott a tónál időzni, még akkor is, amikor mindenki más már hazament. Ma este különösen vonzotta a víz. Leült a stégre, és belelógatta a lábát, figyelte, ahogy a hullámok szétterülnek onnan, ahol a lábujjai megzavarják a felszínt. Az ég **mélyvörös** és narancssárga színben pompázott, és gyönyörűen tükröződött a vízről. Anna elégedetten felsóhajtott, és hátradőlt a stéget tartó egyik oszlopnak. Jól esett egyszerűen csak pihenni egy hosszú munkanap után. Hirtelen csobbanást hallott a háta mögött, amit nehéz léptek követtek, amelyek a stégen keresztül közeledtek felé. Épp időben fordult meg, hogy meglássa, amint egy hatalmas **lény** bukkan elő a víz alól! Úgy nézett ki, mint valami szörnyeteg, testét pikkelyek borították, és a szemei vörösen izzottak! Anna felkapaszkodott, de már túl késő volt. A lény már elérte őt, és nyálkás csápjaival a dereka köré tekeredett, és a víz felé húzta. Segítségért **kiáltott**, de senki sem volt a közelben, aki meghallotta volna.

Kétségbeesetten próbált visszavágni, de a lény túl erős

Lago Balaton

Il sole stava tramontando sul lago Balaton e gli ultimi **turisti della** giornata stavano facendo le valigie per tornare in albergo. Ma c'era una persona che non se ne andava ancora. Si chiamava Anna e amava **trascorrere** il tempo in riva al lago, anche quando tutti gli altri erano tornati a casa. Questa sera si sentiva particolarmente attratta dall'acqua. Si sedette sul molo e mise i piedi in acqua, osservando le increspature che si propagavano dal punto in cui le sue dita disturbavano la superficie. Il cielo si stava colorando di **rosso** e arancione intenso, riflettendosi sull'acqua in modo meraviglioso. Anna sospirò soddisfatta e si appoggiò a uno dei pali che sostenevano il molo. Era bello rilassarsi dopo una lunga giornata di lavoro. All'improvviso, sentì un tonfo alle sue spalle seguito da passi pesanti che si dirigevano verso di lei attraverso il molo. Si voltò appena in tempo per vedere una grossa **creatura** emergere da sotto l'acqua! Sembrava una specie di mostro con squame su tutto il corpo e occhi rossi e luminosi! Anna si mise in piedi, ma era troppo tardi. La creatura l'aveva già raggiunta e le aveva avvolto i viscidi tentacoli intorno alla vita, trascinandola verso l'acqua. **Gridò** per chiedere aiuto, ma non c'era nessuno a sentirla.

Cercò disperatamente di reagire, ma la creatura era

volt. Belerántotta a vízbe, és érezte, hogy magával rántja a tó mélyére. Nem kapott levegőt, és a feketeség kezdte elzárni a látását. Mielőtt elvesztette volna az eszméletét, látta, hogy a lény **arca** szinte mosolyra húzódott. Anna köhögve és zihálva ébredt fel. Tetőtől talpig átázva feküdt a stégen. A lénynek sehol sem volt nyoma. Biztosan álmodott! De olyan valóságosnak tűnt... Megrázta a fejét, hogy kitisztuljon, és bizonytalanul felállt. A szíve még mindig hevesen vert a **rémálom** adrenalinlöketétől. Talán mégiscsak vissza kellene mennie a szállodába. Ettől a helytől kirázta a hideg! Ahogy Anna elsétált a tótól, nem tudott mit tenni, de úgy érezte, mintha valami figyelné őt. Felgyorsította a lépteit, de valahányszor a **válla** fölött átnézett, nem volt ott semmi. Azt mondta magának, hogy csak a képzelete játszik vele, de még mindig nem tudott szabadulni az **érzéstől,** hogy valami nincs rendben.

troppo forte. La tirò in acqua e si sentì trascinare nelle profondità del lago. Non riusciva a respirare e il buio cominciava a circondare la sua vista. Poco prima di perdere conoscenza, vide il **volto** della creatura contorcersi in quello che sembrava quasi un sorriso. Anna si svegliò tossendo e sputando. Era distesa sul molo, bagnata dalla testa ai piedi. Non c'era traccia della creatura da nessuna parte. Doveva aver sognato! Ma sembrava così reale... Scosse la testa per schiarirsi le idee e si alzò in piedi in modo instabile. Il cuore le batteva ancora forte per l'adrenalina dell'**incubo**. Forse, dopo tutto, avrebbe dovuto tornare in albergo. Questo posto le dava i brividi! Mentre Anna si allontanava dal lago, non poteva fare a meno di sentire che qualcosa la stava osservando. Accelerò il passo, ma ogni volta che si guardava alle **spalle** non c'era nulla. Si disse che era solo la sua immaginazione che le giocava brutti scherzi, ma non riusciva comunque a liberarsi della **sensazione** che qualcosa non andasse bene.

Értelmezési kérdések

1. Mit csinál Anna, amikor a tónál van?

2. Hogy néz ki az a lény, amelyik a vízből jön ki?

3. Mit tesz Anna, amikor felébred az álmából?

4. Hogyan reagál Anna, amikor gyermeke egy mérleget talál a tónál?

5. Mit akar a lény Annától?

6. Mit érez Anna a tóban lévő lénnyel kapcsolatban?

7. Mit tesz a lény Annával, amikor elkapja?

8. Hogyan találja meg Anna gyermeke a tóparti mérleget?

9. Hogyan néz ki a skála?

10. Mi a lény végső célja?

Domande di comprensione

1. Cosa fa Anna quando è in riva al lago?

2. Che aspetto ha la creatura che esce dall'acqua?

3. Cosa fa Anna quando si sveglia dal sogno?

4. Qual è la reazione di Anna quando suo figlio trova una bilancia in riva al lago?

5. Cosa vuole la creatura da Anna?

6. Cosa prova Anna nei confronti della creatura del lago?

7. Cosa fa la creatura ad Anna quando la cattura?

8. Come fa il figlio di Anna a trovare la bilancia in riva al lago?

9. Che aspetto ha la scala?

10. Qual è l'obiettivo finale della creatura?

Romok bárok

Magyarországon jártam először romkocsmában. A barátaimmal egy európai körutazáson voltunk, és úgy döntöttünk, hogy megállunk pár napra Magyarországon. Hallottuk, hogy az ország tele van romkocsmákkal, amelyek alapvetően **elhagyatott** épületek, amelyeket bárokká alakítottak át. Úgy gondoltuk, jó móka lesz megnézni őket. Végül a Szimpla Kert nevű helyen kötöttünk ki, amely Budapest egyik leghíresebb romkocsmája. Abban a pillanatban, ahogy beléptünk, tudtuk, hogy tetszeni fog. **Sötét** és hangulatos volt, kitett téglafalakkal és össze nem illő bútorokkal. Élő zene szólt, és körülöttünk táncoló emberek táncoltak. Rendeltünk néhány **italt**, és letelepedtünk az egyik hangulatos sarokba, hogy megfigyeljük az embereket. Ahogy telt az este, egyre több budapesti romkocsmát fedeztünk fel - mindegyikben találtunk valami **egyedit**.

De volt valami a Szimpla Kertben, ami folyton visszahúzott minket; úgy éreztük, mintha az otthonunk lenne. Ha mostanában **honvágyunk van**, csak egy romkocsma kell, és hirtelen minden újra jónak tűnik. Azóta járok romkocsmákba, amióta először jártam Magyarországon. Ezek lettek a **kedvenc** helyeim az iváshoz és a társasági élethez. Imádom a nyugodt légkört és azt a tényt, hogy olyan **ruhában** jelenhetsz meg, amilyenben csak akarsz - nem kell megjátszani

Bar di rovine

La prima volta che mi sono recato in un bar di rovine è stato in Ungheria. Io e i miei amici stavamo facendo un viaggio in Europa e abbiamo deciso di fermarci in Ungheria per qualche giorno. Avevamo sentito dire che il Paese era pieno di ruins bar, che in pratica sono edifici **abbandonati** trasformati in bar. Abbiamo pensato che sarebbe stato divertente dare un'occhiata. Siamo finiti in un posto chiamato Szimpla Kert, che è uno dei più famosi bar di rovine di Budapest. Appena siamo entrati, abbiamo capito che ci sarebbe piaciuto. Era **buio** e suggestivo, con pareti di mattoni a vista e mobili spaiati. C'era musica dal vivo e gente che ballava intorno a noi. Ordinammo un **drink** e ci sistemammo in uno degli angoli accoglienti per osservare la gente. Con il passare della serata, abbiamo esplorato altri bar di Budapest, ognuno dei quali offriva qualcosa di **unico**.

Ma c'era qualcosa nel Szimpla Kert che continuava ad attirarci: ci sembrava di essere a casa lontano da casa. Ogni volta che sentiamo la **nostalgia di casa**, ci basta una dose di bar delle rovine e improvvisamente tutto torna a posto. Frequento i bar delle rovine fin da quel primo viaggio in Ungheria. Sono diventati i miei posti **preferiti** per bere e socializzare. Adoro l'atmosfera rilassata e il fatto che ci si possa presentare con i **vestiti che** si vuole: non c'è bisogno di fingere o

magad, vagy úgy tenni, mintha nem lennél az, aki vagy. Ma már Európa-szerte vannak romkocsmák, de szerintem még mindig a magyarországiak a legjobbak. Talán azért, mert ezek voltak az elsők, ahol valaha is jártam, vagy talán azért, mert van bennük valami **különleges**, ami más helyeken nincs.

Akárhogy is, amikor lehetőségem nyílik visszamenni, azonnal lecsapok rá. Ha még nem jártál romkocsmában, akkor mindenképpen meg kell tenned - különösen, ha Magyarországon találod magad! A barátaimmal az elmúlt **években** Európa-szerte jártunk romkocsmákba. Voltunk már néhány csodálatos helyen, de a kedvencünk még mindig a budapesti Szimpla Kert. Egyszerűen van valami abban a helyben, ami miatt mindig visszajárunk. Mindig megállunk a Szimpla Kertben, amikor Magyarországon járunk. Még ha csak néhány óránk van a **vonat** indulása előtt, akkor is odamegyünk egy-két gyors italra. Olyan, mintha otthon éreznénk magunkat - egy hely, ahol ellazulhatunk és önmagunk lehetünk **ítélkezés** nélkül. Ha egyszer Magyarországon jársz, mindenképpen nézd meg a romkocsmákat! Lehet, hogy a te új kedvenc törzshelyed is ezek lesznek.

di fingersi qualcuno che non si è. Oggi ci sono bar di rovine in tutta Europa, ma penso ancora che quelli in Ungheria siano i migliori. Forse perché sono stati i primi in cui sono andato, o forse perché hanno qualcosa di **speciale** che altri posti non hanno.

In ogni caso, ogni volta che ho l'occasione di tornarci, la colgo al volo. Se non siete mai stati in un bar delle rovine, dovreste assolutamente andarci, soprattutto se vi trovate in Ungheria! Negli ultimi **anni** io e i miei amici abbiamo frequentato i bar delle rovine di tutta Europa. Abbiamo visitato posti fantastici, ma il nostro preferito resta il Szimpla Kert di Budapest. C'è qualcosa in quel posto che ci spinge a tornare. Ci assicuriamo sempre di fermarci al Szimpla Kert ogni volta che siamo in Ungheria. Anche se abbiamo solo poche ore prima che il nostro **treno** parta, ci rechiamo lì per un drink veloce o due. Ormai ci sentiamo come a casa, un luogo dove possiamo rilassarci ed essere noi stessi senza essere **giudicati**. Se vi trovate in Ungheria, assicuratevi di dare un'occhiata ai bar in rovina! Potrebbero diventare anche il vostro nuovo punto di ritrovo preferito.

Értelmezési kérdések

1. Mik azok a romkocsmák?

2. Hol van Magyarország?

3. Mi az a Szimpla Kert?

4. Mit mond a szerző a Szimpla Kertről?

5. Milyen a hangulat egy romkocsmában?

6. Vannak romkocsmák más országokban?

7. Mi a szerző kedvenc romkocsmája?

8. Mit mond a szerző a romkocsmában való öltözködésről?

9. Mi a szerző véleménye a romos rudakról?

10. Milyen tanácsot ad a szerző a romlott bárokkal kapcsolatban?

Domande di comprensione

1. Cosa sono le barre di rovina?

2. Dove si trova l'Ungheria?

3. Che cos'è il Szimpla Kert?

4. Cosa dice l'autore di Szimpla Kert?

5. Che atmosfera si respira in un bar di rovine?

6. Esistono bar di rovine in altri Paesi?

7. Qual è il bar con le rovine preferito dall'autore?

8. Che cosa dice l'autore a proposito dell'abbigliamento in un bar di rovine?

9. Qual è l'opinione dell'autore sui bar rovinati?

10. Quali consigli dà l'autore sui bar rovinati?

Gulyás

Sötét és viharos éjszaka volt. Az a fajta éjszaka, amikor az ember legszívesebben összebújna egy jó **könyvvel** és egy tál meleg gulyással. De sajnos nem találtam gulyást a szekrényben, csak egy doboz paradicsomlevest és egy kis **tésztát**. Odakint süvöltött a szél, és végigfutott a hideg a hátadon. Úgy döntött, hogy beéri azzal, ami van, és elkezdte főzni a tésztát. Ahogy a víz forrni kezdett, hallottad, hogy valami kaparászik az ajtón. Óvatosan közelítettél az ajtóhoz, a **szíved** a mellkasodban dobogott. Lehet, hogy betörő volt? Vagy ami még rosszabb, egy zombi? Lassan a kilincs után nyúltál, készen arra, hogy szükség esetén megvédd magad. De amikor kinyitottad az ajtót, csak egy bágyadt macskát találtál.

Szegény úgy nézett ki, mintha a poklot is megjárta volna. **Csupa** sár volt, és a bundája vérrel volt összemaszatolva. Szánalmasan nyávogott, ahogy betántorgott a házba. Megsajnáltad a lényt, és úgy döntöttél, hogy megtisztítod, mielőtt adsz neki enni. Addig turkáltál a **szekrényeidben**, amíg találtál egy régi törülközőt, és elkezdted óvatosan letörölgetni a macskát. Miután megtisztítottad, kitettél neki egy tál levest és egy kis szárazeledelt, amit megehetett. Nem volt túl sok, de remélhetőleg **reggelig** kitartott a

Gulasch

Era una notte buia e tempestosa. Era il tipo di notte che ti fa venire voglia di rannicchiarti con un buon **libro** e un piatto caldo di gulasch. Ma ahimè, nella credenza non c'era gulasch da trovare, solo una lattina di zuppa di pomodoro e della **pasta**. Il vento ululava fuori, facendovi venire i brividi. Decidemmo di arrangiarci con quello che avevamo e iniziammo a cuocere la pasta. Mentre l'acqua bolliva, sentì qualcosa grattare alla porta. Ti avvicinasti con cautela alla porta, con il **cuore** che ti batteva nel petto. Poteva essere un ladro? O peggio, uno zombie? Lentamente hai afferrato la maniglia, pronto a difenderti se necessario. Ma quando avete aperto la porta, avete trovato solo un gatto stralunato.

Sembrava che quella povera bestia avesse passato l'inferno e ritorno. Era **coperta** di fango e la sua pelliccia era sporca di sangue. Miagolava pietosamente mentre entrava in casa barcollando. Avete avuto pietà della creatura e avete deciso di pulirla prima di darle qualcosa da mangiare. Rovistando negli **armadietti**, trovaste un vecchio asciugamano e iniziaste a pulire delicatamente il gatto. Una volta pulito, gli preparaste una ciotola di zuppa e del cibo secco da mangiare. Non era un granché, ma si sperava che gli sarebbe servito

macska, amikor is el tudtál menni a boltba, hogy rendes gulyás hozzávalókat szerezz. A macska éhesen falta az ételt, majd elégedetten dorombolva összekuporodott a törölközőn. Egy pillanatig még figyelte, mielőtt **maga is** lefeküdt volna. Hosszú éjszakának nézett elébe a kint tomboló viharral, de most legalább volt társasága.

Elaludtál, meleg tál gulyásról álmodtál, és **hálát** éreztél, hogy a macska utat talált az ajtódhoz. Másnap reggel arra ébredt, hogy a macska eltűnt. Valószínűleg az éjszaka folyamán kicsúszott, hogy újabb élelmet keressen. Remélted, hogy minden rendben lesz vele, és hamarosan újra látod. **Addig is** felöltözött, és elindult a boltba gulyás hozzávalókért. Kis szerencsével a viharos éjszakád egy finom tál **vigasztaló** ételbe fog átfordulni. Ahogy végigsétálsz a boltban, és összeszeded a szükséges hozzávalókat, nem tudsz nem gondolni a macskára. Reméli, hogy jól érzi magát ebben az időben. De még ha soha többé nem is látod, örülsz, hogy csak egy **éjszakára is** eljutott hozzád.

fino al **mattino**, quando sareste andati a prendere gli ingredienti per il gulasch al negozio. Il gatto divorò il cibo con fame e poi si accoccolò sull'asciugamano, facendo le fusa soddisfatto. Lo guardaste per un momento prima di andare a letto **anche voi**. Sarebbe stata una lunga notte con la tempesta che imperversava fuori, ma almeno ora avevi un po' di compagnia.

Vi addormentate, sognando ciotole calde di gulasch e sentendovi **grati** che il gatto avesse trovato la strada per arrivare alla vostra porta. La mattina dopo, al risveglio, il gatto non c'è più. Probabilmente era uscito durante la notte in cerca di altro cibo. Sperate che stia bene e che lo rivedrete presto. Nel **frattempo**, vi siete vestiti e siete andati a comprare gli ingredienti per il gulasch. Con un po' di fortuna, la vostra notte tempestosa si trasformerà in un delizioso piatto di **conforto**. Mentre camminate per il negozio, prendendo gli ingredienti necessari, non potete fare a meno di pensare al gatto. Sperate che stia bene là fuori con questo tempo. Ma anche se non lo rivedrete mai più, siete contenti che sia arrivato alla vostra porta per una sola **notte**.

Értelmezési kérdések

1. Mit talál a főhős, amikor kinyitja az ajtót?

2. Miért volt a macska sárral és vérrel borítva?

3. Mit érez a főhős a macskával kapcsolatban?

4. Mit tesz a főhős a macskáért?

5. Miről álmodik a főhős?

6. Másnap reggel mi a főhős első gondolata?

7. Hol van a macska, amikor a főhős felébred?

8. Mit remél a főhős a macskától?

9. Miért örül a főhős, hogy a macska utat talált az ajtajukhoz?

10. Miközben a főszereplő végigsétál a boltban, mire gondol?

Domande di comprensione

1. Cosa trova il protagonista quando apre la porta?

2. Perché il gatto era coperto di fango e sangue?

3. Cosa prova il protagonista nei confronti del gatto?

4. Cosa fa il protagonista per il gatto?

5. Cosa sogna il protagonista?

6. Il mattino dopo, qual è il primo pensiero del protagonista?

7. Dov'è il gatto quando il protagonista si sveglia?

8. Cosa spera il protagonista per il gatto?

9. Perché il protagonista è contento che il gatto abbia trovato la strada per arrivare alla loro porta?

10. Mentre il protagonista cammina nel negozio, a cosa pensa?

Budai Vár

A Budai Vár egy gyönyörű és történelmi **vár** Magyarországon. A vár évszázadokon keresztül számos különböző családnak adott otthont, és védelmet nyújtott a betolakodókkal szemben. Az utóbbi években a vár népszerű **turisztikai** célponttá vált, és a világ minden tájáról vonzza a látogatókat. Egy nyári napon egy négytagú amerikai család úgy döntött, hogy ellátogat a Budai Várba. Azonnal elvarázsolta őket a **szépség** és a történelem. Ahogy felfedezték a területet, úgy érezték, mintha visszaléptek volna az időben. A gyerekek lovagoknak és hercegnőknek tettették magukat, miközben a **szüleik** fotókat készítettek és csodálták az építészeti alkotásokat. Miután eltöltöttek egy kis időt a kinti felfedezéssel, úgy döntöttek, hogy bemennek a **kastély** egyik épületébe.

Amikor bejutottak, elámultak azon, hogy minden milyen jól megőrzött. Mintha egy másik világba léptek volna! Órákig bolyongtak, megismerkedtek a magyar kultúrával, és megcsodálták az egyes helyiségek **bonyolult** részleteit, mielőtt végül visszamentek volna, hogy az egyik torony tetejéről élvezzék a Budapestre nyíló kilátást. Későre járt, de a család még nem akart elmenni. A vár közelében béreltek egy kis **lakást,** és úgy döntöttek, hogy taxizás helyett inkább gyalog

Castello di Buda

Il Castello di Buda è un bellissimo **castello** storico situato in Ungheria. Per secoli, il castello ha ospitato molte famiglie diverse ed è servito come protettorato contro gli invasori. Negli ultimi anni, il castello è diventato una popolare destinazione **turistica**, che attira visitatori da tutto il mondo. Un giorno d'estate, una famiglia americana di quattro persone decise di visitare il Castello di Buda. Rimasero subito incantati dalla sua **bellezza** e dalla sua storia. Esplorando il parco, si sono sentiti come se avessero fatto un salto indietro nel tempo. I bambini correvano in giro facendo finta di essere cavalieri e principesse, mentre i **genitori** scattavano foto e ammiravano l'architettura. Dopo aver trascorso un po' di tempo a esplorare l'esterno, hanno deciso di entrare in uno degli edifici della **proprietà**.

Una volta entrati, sono rimasti stupiti da quanto tutto fosse ben conservato. Era come entrare in un altro mondo! Hanno girovagato per ore, imparando a conoscere la cultura ungherese e ammirando tutti gli **intricati** dettagli di ogni stanza, prima di tornare all'esterno per godersi la vista di Budapest dalla cima di una delle torri. Si era fatto tardi, ma la famiglia non voleva ancora andarsene. Avevano affittato un piccolo **appartamento** vicino al castello e decisero di andarci a

mennek oda. Ahogy sétáltak az utcákon, úgy érezték magukat, mintha egy tündérmesében lennének. A város olyan **gyönyörű** és elbűvölő volt! Végül visszaértek a lakásukba, és a fárasztó naptól kimerülten az ágyakra dőltek. De annak ellenére, hogy fáradtak voltak, mindannyian **egyetértettek** abban, hogy ez volt életük egyik legjobb napja.

Várakról, sárkányokról és hercegnőkről álmodozva aludtak el. Másnap reggel korán ébredtek, és úgy döntöttek, hogy még **felfedezik a** várost, mielőtt visszamennek a repülőtérre. Órákig sétáltak, megálltak kávézókban és üzletekben, és csak úgy élvezték Budapest minden látványát és hangját. Ez egy olyan nap volt, amelyre mindig **emlékezni fognak** - tökéletes befejezése **varázslatos** nyaralásuknak. Amikor felszálltak a repülőgépre, a család már a következő utazásukat tervezte. Tudták, hogy még annyi hely van a világon, amit felfedezhetnek, és alig várták, hogy megnézzék, mi **vár** még rájuk.

piedi invece di prendere un taxi. Mentre camminavano per le strade, si sentivano come in una favola. La città era così **bella** e affascinante! Alla fine tornarono al loro appartamento e crollarono sul letto, esausti per la giornata intensa. Ma anche se erano stanchi, erano tutti **d'accordo** che era stata una delle giornate più belle di sempre.

Si addormentarono sognando castelli, draghi e principesse. La mattina dopo si sono svegliati presto e hanno deciso di **esplorare** ancora un po' la città prima di tornare all'aeroporto. Camminarono per ore, fermandosi nei caffè e nei negozi, e semplicemente ammirando tutti i panorami e i suoni di Budapest. È stata una giornata che **ricorderanno** per sempre, un finale perfetto per la loro **magica** vacanza. Mentre si imbarcavano sull'aereo, la famiglia stava già pianificando il prossimo viaggio. Sapevano che c'erano molti altri posti nel mondo da esplorare e non vedevano l'ora di vedere cos'altro li **aspettava**.

Értelmezési kérdések

1. Mi az a Budai Vár?

2. Mi a Budai Vár története?

3. Milyen családok éltek a Budai Várban?

4. Miért népszerű turisztikai célpont a Budai Vár?

5. Mit csinált az Amerikából érkezett család, amikor a Budai Várban jártak?

6. Mit gondolt a család a Budai Várról?

7. Mit csinált a család a Budai Vár felfedezése után?

8. Hogyan reagált a család Budapest városára?

9. Mit csinált a család az utolsó budapesti napjukon?

10. Mi volt a család általános véleménye az utazásról?

Domande di comprensione

1. Che cos'è il Castello di Buda?

2. Qual è la storia del Castello di Buda?

3. Quali famiglie hanno vissuto nel Castello di Buda?

4. Perché il Castello di Buda è una meta turistica popolare?

5. Che cosa ha fatto la famiglia americana quando ha visitato il Castello di Buda?

6. Cosa pensava la famiglia del Castello di Buda?

7. Cosa fece la famiglia dopo aver esplorato il Castello di Buda?

8. Qual è stata la reazione della famiglia alla città di Budapest?

9. Che cosa ha fatto la famiglia l'ultimo giorno a Budapest?

10. Qual è l'opinione complessiva della famiglia sul viaggio?

Harry Houdini

Harry Houdinit mindig is lenyűgözte a **varázslás** világa. Gyermekként órákon át próbálta kitalálni, hogy kedvenc bűvészei hogyan hajtják végre trükkjeiket. Elhatározta, hogy egy nap ő lesz a világ legnagyobb bűvészének. Felnőttként Harry a “bilincsek királya” néven vált ismertté. Bármilyen bilincsből ki tudott szabadulni, legyen az bármilyen szoros vagy **bonyolult**. Az emberek gyakran kihívták őt, hogy próbáljon meg kiszabadulni a saját bilincsükből, de Harrynek mindig könnyedén sikerült. Egy nap egy csapat férfi kihívta Harryt, hogy szabaduljon ki egy pár bilincsből, amelyről azt állították, hogy lehetetlen kiszabadulni belőle. Fogadtak vele 100 dollárban, hogy 10 percen belül nem sikerül neki. Harry elfogadta a **kihívást**, és gyorsan nekilátott, hogy megpróbáljon **kiszabadulni** a bilincsből.

A férfiak hitetlenkedve nézték, ahogy Harrynek másodpercek alatt sikerült kiszabadítania **magát.** Annyira lenyűgözte őket a képessége, hogy “A Nagy Houdini”-nek kezdték hívni. Ettől kezdve az emberek a világ minden tájáról eljöttek, hogy megnézzék Harry elképesztő szabadulóművészeti mutatványait. Ahogy Harry hírneve nőtt, úgy nőttek a kihívások is, amelyeket az emberek elé állítottak. Folyamatosan újabb és újabb **nehéz** helyzetekből kellett kiszabadulnia. Egy nap

Harry Houdini

Harry Houdini è sempre stato affascinato dal mondo della **magia**. Da bambino, passava ore a cercare di capire come i suoi maghi preferiti eseguissero i loro trucchi. Era determinato a diventare un giorno il più grande mago del mondo. Da adulto, Harry divenne noto come il “Re delle manette”. Riusciva a sfuggire a qualsiasi tipo di costrizione, per quanto stretta o **complicata**. Le persone lo sfidavano spesso a cercare di scappare dalle loro manette, ma Harry riusciva sempre a farlo con facilità. Un giorno, un gruppo di uomini sfidò Harry a scappare da un paio di manette da cui, secondo loro, era impossibile uscire. Scommisero 100 dollari che non sarebbe riuscito a farlo entro 10 minuti. Harry accettò la **sfida** e si mise subito al lavoro per **liberarsi dalle** manette.

Gli uomini guardarono increduli mentre Harry riusciva a **liberarsi** in pochi secondi. Erano così stupiti dalle sue capacità che iniziarono a chiamarlo “Il Grande Houdini”. Da quel momento in poi, persone di tutto il mondo vennero a vedere Harry compiere le sue incredibili imprese di escapologia. Man mano che la fama di Harry cresceva, crescevano anche le sfide che la gente gli poneva. Veniva costantemente sfidato a fuggire da situazioni sempre più **difficili**. Un giorno, un

egy tudóscsoport kihívta Harryt, hogy szökjön meg egy vízzel teli, lezárt kamrából. Azt mondták, hogy **lehetetlen,** hogy bárki is élve kijusson a kamrából. Harry elfogadta a kihívást, és belépett a kamrába. Másodperceken belül kiszabadult a **kamrából**, és biztonságban felbukkant a felszínen.

A tudósokat lenyűgözték a képességei, és "Csodaembernek" kezdték hívni. Ettől kezdve Harry a történelem egyik legnagyobb bűvészeként vált ismertté. Egészen 1926-ban bekövetkezett korai haláláig folytatta a merész **szökéseket.** Bár Harry már nincs közöttünk, öröksége tovább él. Sok **bűvészt** inspirált az évek során, és legendája még generációkig elkápráztatja az embereket. Ha valaha is lesz alkalmad megnézni egy bűvészbemutatót, mindenképpen tartsd nyitva a szemed a Harry Houdini által híressé tett trükkökre. El fogsz ámulni azon, hogyan volt képes megmenekülni látszólag **lehetetlen** helyzetekből. És ki tudja, talán egy nap te magad is képes leszel végrehajtani néhányat a trükkjei közül!

gruppo di scienziati sfidò Harry a fuggire da una camera sigillata e piena d'acqua. Dissero che era **impossibile** per chiunque uscire vivo dalla camera. Harry accettò la sfida ed entrò nella camera. In pochi secondi riuscì a fuggire dalla **camera** e a riemergere sano e salvo all'esterno.

Gli scienziati rimasero stupiti dalle sue capacità e iniziarono a chiamarlo "L'uomo dei miracoli". Da quel momento in poi, Harry divenne noto come uno dei più grandi maghi della storia. Continuò a compiere **fughe** rocambolesche fino alla sua morte prematura, avvenuta nel 1926. Anche se Harry non è più tra noi, la sua eredità continua a vivere. Ha ispirato molti **maghi** nel corso degli anni e la sua leggenda continuerà a stupire le generazioni a venire. Se avete la possibilità di assistere a uno spettacolo **di magia**, assicuratevi di tenere d'occhio i trucchi che Harry Houdini ha reso famosi. Rimarrete stupiti da come riusciva a fuggire da situazioni apparentemente **impossibili**. E chissà, forse un giorno sarete in grado di eseguire voi stessi alcuni dei suoi trucchi!

Értelmezési kérdések

1. Mi volt Harry Houdini gyermekkori ambíciója?

2. Hogyan reagáltak az emberek, amikor látták Harry-t a szökési trükkjeit bemutatni?

3. Mi volt a legnehezebb szökési kihívás, amellyel Harrynek valaha is szembe kellett néznie?

4. Hogyan halt meg Harry Houdini?

5. Mi Harry Houdini öröksége?

6. Milyen trükköket mutatott be Harry Houdini?

7. Hogyan lett híres Harry Houdini?

8. Hogyan reagáltak a tudósok, amikor Harry megszökött a vízkamrából?

9. Mi Harry Houdini jelentősége a bűvészettörténetben?

10. Milyen tanácsot adna a szerző az olvasóknak?

Domande di comprensione

1. Qual era l'ambizione d'infanzia di Harry Houdini?

2. Come hanno reagito le persone quando hanno visto Harry eseguire i suoi trucchi di fuga?

3. Qual è stata la sfida di fuga più difficile che Harry abbia mai affrontato?

4. Come è morto Harry Houdini?

5. Qual è l'eredità di Harry Houdini?

6. Che tipo di trucchi eseguiva Harry Houdini?

7. Come è diventato famoso Harry Houdini?

8. Qual è stata la reazione degli scienziati quando Harry è fuggito dalla camera d'acqua?

9. Qual è il significato di Harry Houdini nella storia della magia?

10. Quale consiglio l'autore darebbe ai lettori?

Esztergomi bazilika

Az esztergomi bazilika **gyönyörű** látványt nyújt. Magyarország egyik legnépszerűbb turisztikai látványossága, amely a világ minden tájáról vonzza az embereket. A bazilika Esztergom városában található, amely Budapesttől körülbelül egy órányi autóútra van. A város a **Duna** partján fekszik, és lenyűgöző kilátásáról ismert. Volt szerencsém meglátogatni a bazilikát a közelmúltban tett magyarországi utam során. Megbabonázott a **szépsége** és a nagysága. Az épület külsejét bonyolult faragványok és szobrok díszítik, míg a belső tér ugyanilyen lenyűgöző a hatalmas **oszlopokkal** és ólomüveg ablakokkal.

Még a kupola tetejére is feljutottam, ahonnan **lélegzetelállító** kilátás nyílik Esztergomra és azon túlra. Ha valaha is Magyarországon jársz, mindenképpen írd be az útitervedbe az esztergomi bazilikát. Ez valóban egy **csodálatos** hely, amit nem szabad kihagyni! Másnap reggel korán ébredtem, alig vártam, hogy még többet felfedezhessek Esztergomból. A szállodámban elfogyasztott gyors **reggeli után** gyalog indultam el a bazilika felé. Ahogy közelebb értem, láttam, hogy még lenyűgözőbb, mint amire előző nap emlékeztem. A következő néhány órát azzal töltöttem, hogy bejártam a

Basilica di Esztergom

La Basilica di Esztergom è uno spettacolo **bellissimo**. È una delle attrazioni turistiche più popolari dell'Ungheria e attira persone da tutto il mondo. La basilica si trova nella città di Esztergom, a circa un'ora di auto da Budapest. La città è situata sul fiume **Danubio** ed è nota per i suoi panorami mozzafiato. Ho avuto la fortuna di visitare la basilica durante il mio recente viaggio in Ungheria. Sono rimasta ipnotizzata dalla sua **bellezza** e grandezza. L'esterno dell'edificio è decorato con intricati intagli e statue, mentre l'interno è altrettanto impressionante con le sue **colonne** massicce e le vetrate colorate.

Ho anche potuto salire in cima alla cupola, che offre una vista **mozzafiato** su Esztergom e oltre. Se vi trovate in Ungheria, assicuratevi di aggiungere al vostro itinerario una visita alla Basilica di Esztergom. È davvero un luogo **magnifico da** non perdere! La mattina dopo mi sono svegliata presto, desiderosa di esplorare meglio Esztergom. Dopo una rapida **colazione** in albergo, mi sono avviata a piedi verso la basilica. Avvicinandomi, ho potuto constatare che era ancora più imponente di quanto ricordassi il giorno prima. Ho trascorso le ore successive a visitare l'interno

bazilika belsejét és megismertem a **történetét**.

Tudtad, hogy ez Magyarország egyik legnagyobb temploma? És hogy az építkezések egészen 1822-ben kezdődtek? Igazán elképesztő belegondolni, hogy ez a hihetetlen **épület** milyen régóta áll. Miután felfedeztem a bazilika minden egyes centiméterét, visszamentem kifelé, és körbesétáltam, hogy még egyszer szemügyre vegyem a **külsőt.** A nap éppen kezdett lenyugodni, amikor elmentem, és gyönyörű fényt vetett **mindenre**. Felejthetetlen élmény volt, amit mindig is nagy becsben fogok tartani. Ahogy visszasétáltam a szállodámba, nem tudtam megállni, hogy ne érezzek szomorúságot. A Magyarországon töltött időm a végéhez közeledett, és tudtam, hogy hiányozni fog ez a gyönyörű **ország**.

della basilica e a conoscere la sua **storia**.

Sapevate che è una delle chiese più grandi dell'Ungheria? E che la sua costruzione è iniziata nel lontano 1822? È davvero incredibile pensare a quanto tempo sia rimasto in piedi questo incredibile **edificio**. Dopo aver esplorato ogni centimetro della basilica, sono tornata fuori e ho fatto un giro per ammirare ancora una volta l'**esterno**. Mentre me ne andavo, il sole cominciava a tramontare, proiettando un bellissimo bagliore su **tutto**. È stata un'esperienza indimenticabile che conserverò per sempre. Mentre tornavo in albergo, non potevo fare a meno di provare un senso di tristezza. Il mio soggiorno in Ungheria stava per finire e sapevo che mi sarebbe mancato questo bellissimo **Paese**.

Értelmezési kérdések

1. Mi az az esztergomi bazilika?

2. Hol található az esztergomi bazilika?

3. Miről ismert Esztergom városa?

4. Mióta áll az esztergomi bazilika?

5. Hogyan néz ki a bazilika külseje?

6. Hogyan néz ki a bazilika belseje?

7. Milyen a kilátás a kupola tetejéről?

8. Mennyi ideig tartott a bazilika építése?

9. Hány óra volt, amikor a szerző elhagyta a bazilikát?

10. Mit érzett a szerző, amikor visszasétáltak a szállodába?

Domande di comprensione

1. Che cos'è la Basilica di Esztergom?

2. Dove si trova la Basilica di Esztergom?

3. Per cosa è nota la città di Esztergom?

4. Da quanto tempo è in piedi la Basilica di Esztergom?

5. Come si presenta l'esterno della basilica?

6. Come si presenta l'interno della basilica?

7. Com'è la vista dalla cima della cupola?

8. Quanto tempo è stato necessario per costruire la basilica?

9. Che ora era quando l'autore ha lasciato la basilica?

10. Come si è sentito l'autore mentre tornava in albergo?

Piros paprika

A piros paprika mindig egy kicsit más volt, mint a **kertben** lévő többi zöldség. Nem mintha feltétlenül jobb vagy rosszabb lett volna, de egyszerűen csak megvolt a maga egyedi íze, ami megkülönböztette. A többi zöldség gyakran oldalpillantást vetett egymásra, amikor a piros paprika a közelben volt, mintha azon gondolkodtak volna, hogy mitől olyan **különleges**. Egy nap, egy különösen heves esőzés után a piros paprika eltűnt. Az összes többi zöldség mindenütt kereste, de semmi nyoma nem volt annak, hogy hová tűnhetett. Megkérdezték a **Napot** és a **Holdat**, hogy láttak-e valamit, de még ők is értetlenül álltak az eltűnése előtt. Ahogy a napokból hetek lettek, és a piros paprikának még mindig nem volt nyoma, a megmaradt zöldségek morálja kezdett megkopni. Már nem énekeltek és táncoltak úgy, mint régen; úgy tűnt, hogy minden nevetésük eltűnt a **barátjukkal együtt**.

Végül egy reggel, amikor mindannyian összegyűltek, és a veszteségüket siratták, hallották, hogy egy halk hang szólítja őket a távolból. Gyengének és fáradtnak hangzott, de nem lehetett **félreérteni**, hogy kihez tartozik - a piros paprikához! A piros paprika nagy kalandban volt része. Egy reggel arra ébredt, hogy egy furcsa, új földön találja magát, teljesen

Paprika rossa

La paprika rossa era sempre un po' diversa dalle altre verdure dell'**orto**. Non è che fosse necessariamente migliore o peggiore, ma aveva un sapore unico che la distingueva. Le altre verdure si guardavano spesso di traverso quando c'era la paprika rossa, come se si chiedessero cosa la rendesse così **speciale**. Un giorno, dopo un temporale particolarmente intenso, la paprika rossa scomparve. Tutti gli altri ortaggi la cercarono in lungo e in largo, ma non c'era traccia di dove potesse essere finita. Chiesero al **sole** e alla **luna** se avessero visto qualcosa, ma anche loro sembravano sconcertati dalla sua scomparsa. Man mano che i giorni diventavano settimane e non c'era ancora traccia della paprika rossa, il morale degli ortaggi rimasti cominciò ad appassire. Smisero di cantare e di ballare come erano soliti fare; tutte le loro risate sembrarono svanire insieme al loro **amico**.

Infine, una mattina, mentre erano tutti riuniti a lamentarsi della loro perdita, sentirono una voce flebile che li chiamava da lontano. Sembrava debole e stanca, ma non c'era **dubbio su** chi fosse: era la paprika rossa! La paprika rossa aveva vissuto una bella avventura. Si era svegliata una mattina e si era trovata in una terra nuova e strana, completamente circondata da **piante**

ismeretlen **növények** és állatok között. Mindent megtett, hogy összebarátkozzon velük, de bármennyire is próbálkozott, úgy tűnt, egyikükkel sem tudott kapcsolatot teremteni. Úgy tűnt, hogy mindannyian más **nyelven** beszélnek, amit a piros paprika egyszerűen nem értett. Magányos és ijesztő volt ezen az új helyen, de nem volt hajlandó feladni a reményt. Végül, hetekig tartó keresgélés után talált egy utat, amely hazavezette. Amikor végre visszaérkezett a kertbe, ott várt rá az összes régi barátja - és nagyon örültek neki! A piros paprika ekkor döbbent rá, hogy bár kalandjai időnként messzire viszik otthonától, szerettei között mindig lesz számára egy **különleges** hely.

A piros paprika ma különösen csípősnek érezte magát. Csípős lendülettel és tűzzel a gyomrában ébredt, és nem tehetett mást, minthogy megosztotta jó hangulatát mindenkivel, akivel csak találkozott. Végigtáncolt a kertben, és minden barátját egy szívélyes "helló!" és egy széles mosollyal üdvözölte. Még a mogorva, öreg répa is, akinek soha nem volt semmi kedves mondanivalója, mosolygott, amikor a piros paprika köszöntötte. Mindenkit vonzott a ragályos **boldogsága** - lehetetlen volt nem jól érezni magad a piros paprika közelében. Ahogy kezdett leszállni az este, a piros paprika **energiája** végül kezdett elfogyni.

e animali sconosciuti. Aveva fatto del suo meglio per fare amicizia con loro, ma per quanto si sforzasse, non riusciva a entrare in sintonia con nessuno di loro. Sembravano tutti parlare una **lingua** diversa che la paprika rossa non riusciva a capire. Si sentiva sola e spaventata in questo nuovo posto, ma non voleva perdere la speranza. Alla fine, dopo settimane di ricerche, trovò un sentiero che conduceva a casa. Quando finalmente arrivò in giardino, tutti i suoi vecchi amici erano lì ad aspettarla ed erano così felici di vederla! La paprika rossa capì allora che, anche se le sue avventure l'avrebbero portata a volte lontano da casa, ci sarebbe sempre stato un posto **speciale** per lei tra i suoi cari.

La paprika rossa si sentiva particolarmente piccante oggi. Si era svegliata con una marcia in più e un fuoco nella pancia, e non poteva fare a meno di condividere il suo buon umore con tutti quelli che incontrava. Danzava per il giardino, salutando tutti i suoi amici con un caloroso “ciao!” e un grande sorriso. Persino la vecchia rapa brontolona, che non aveva mai nulla di carino da dire, sembrava sorridere quando la paprika rossa la salutava. Tutti erano attratti dalla sua **felicità** contagiosa: era impossibile non sentirsi bene quando si era vicino alla paprika rossa. Quando iniziò a calare la notte, l'**energia** della paprika rossa cominciò finalmente a diminuire.

Értelmezési kérdések

1. Miben különbözött a piros paprika a többi zöldségtől?

2. Miért nézett a többi zöldség féloldalasan a piros paprikára?

3. Mi történt a piros paprikával az eső után?

4. Hogyan érezte magát a piros paprika a kalandjaiban?

5. Miért volt ok az ünneplésre a piros paprika visszatérése?

6. Hogyan érezte magát mindenki a piros paprikától?

7. Mit csinál a piros paprika éjszaka?

8. Milyen hangulatban volt a piros paprika, amikor felébredt?

9. Hogyan hatott a piros paprika hangulata a többi zöldségre?

10. Mi volt a piros paprika célja a mai napra?

Domande di comprensione

1. Che cosa rende la paprika rossa diversa dalle altre verdure?

2. Perché le altre verdure guardavano di traverso la paprika rossa?

3. Cosa è successo alla paprika rossa dopo il temporale?

4. Cosa pensava la paprika rossa delle sue avventure?

5. Perché il ritorno della paprika rossa era un motivo di festa?

6. Come si è sentita la paprika rossa?

7. Cosa fa la paprika rossa di notte?

8. Di che umore era la paprika rossa quando si è svegliata?

9. In che modo l'umore della paprika rossa ha influenzato le altre verdure?

10. Qual era l'obiettivo del giorno per la paprika rossa?

Széchenyi Gyógyfürdő

A budapesti Széchenyi Gyógyfürdőt a világ egyik legszebb és legpihentetőbb fürdőjének tartják. Egy nő számára pedig éppen a személyes paradicsommá akartak **válni.** Mindig is szeretett időt tölteni a fürdőben, de az utóbbi időben stresszesebbnek érezte magát, mint valaha. A munkája felgyülemlett, és a **társasági** élete is szenvedett emiatt. Szüksége volt egy kis pihenésre, és mi lenne jobb hely a kikapcsolódásra, mint a fürdő? Így hát összepakolta a táskáját a legszükségesebb dolgokkal - fürdőruha, törölköző, naptej -, és elindult egy napra kikapcsolódni. Amint megérkezett, érezte, hogy a feszültség elolvad a testéből. Átöltözött **fürdőruhába**, és az egyik medencébe ment. A meleg víz **mennyei** érzés volt a bőrén, és elégedetten felsóhajtott, miközben boldog nyugalomban úszott. A következő néhány órát azzal töltötte, hogy medencéről medencére járva kipróbálta a különböző hőmérsékletű és kezelésű medencéket. Mire készen állt a távozásra, már új **nőnek** érezte magát.

Bőre puha és ragyogó volt a hidratáló termékektől, izmai ellazultak, elméje pedig nyugodt és tiszta volt. Ahogy kisétált a napfényre, tudta, hogy ez egy olyan nap lesz, amelyre mindig **emlékezni fog** - egy olyan

Terme di Széchenyi

Le Terme Széchenyi di Budapest sono considerate tra le più belle e rilassanti del mondo. E per una donna stavano per **diventare il** suo paradiso personale. Aveva sempre amato trascorrere del tempo alle terme, ma ultimamente si sentiva più stressata che mai. Il lavoro si accumulava e la sua vita **sociale** ne risentiva. Aveva bisogno di una pausa e quale posto migliore delle terme per rilassarsi? Così preparò la borsa con tutto l'occorrente - costume da bagno, asciugamano, crema solare - e partì per una giornata di relax. Appena arrivata, sentì la tensione sciogliersi dal suo corpo. Si cambiò con il **costume da bagno** e si diresse verso una delle piscine. L'acqua calda era una sensazione **paradisiaca** sulla sua pelle e si lasciò andare a un sospiro di soddisfazione mentre galleggiava in una beata tranquillità. Trascorse le ore successive passando da una piscina all'altra, provando tutte le diverse temperature e i trattamenti offerti. Quando fu pronta ad andarsene, si sentiva una **donna** nuova.

La sua pelle era morbida e luminosa grazie a tutti i prodotti idratanti, i suoi muscoli erano rilassati e la sua mente era calma e chiara. Mentre usciva alla luce del sole, sapeva che quello sarebbe stato un giorno

nap, amikor végre megtalálta az igazi kikapcsolódást. A nő a következő hónapokban sokszor visszatért a fürdőbe, és minden alkalommal érezte, hogy a stressz elolvad. Ez lett a boldogsága helye, egy olyan hely, ahová el tudott menni, hogy **elfelejtse** minden gondját, és csak pihenjen. És bár soha nem látta a többi fürdővendéget, tudta, hogy mindannyian ugyanazért vannak ott - hogy egy kis nyugalmat találjanak a rohanó életükben. Egy nap, amikor éppen távozni készült a fürdőből, **meghallotta, hogy** két nő egy új fürdőhelyről beszélget, amely éppen most nyílt meg. Úgy hangzott, mintha még a Széchenyi Gyógyfürdőnél is fényűzőbb lenne, és a nő nem tudta megállni, hogy ne **nézze meg**.

Amikor megérkezett, gyorsan rájött, hogy a másik fürdő semmi az ő szeretett fürdőjéhez képest. Túl **zsúfolt** volt, túl zajos, és egyáltalán nem volt pihentető. Perceken belül távozott, és megfogadta, hogy soha többé nem tér vissza. A nő még hosszú évekig látogatta a Széchenyi Gyógyfürdőt, még azután is, hogy **nyugdíjba vonult**. Ez lett a második otthona, és összebarátkozott a személyzet néhány tagjával, akik mindig emlékeztek a nevére és **mosolyogva** üdvözölték.

che avrebbe **ricordato** per sempre, un giorno in cui finalmente aveva trovato il vero relax. La donna tornò alle terme molte volte nei mesi successivi e ogni volta sentiva lo stress sciogliersi. Era diventato il suo luogo felice, un posto dove poteva andare per **dimenticare** tutti i suoi problemi e rilassarsi. E anche se non vedeva mai gli altri ospiti delle terme, sapeva che erano tutti lì per lo stesso motivo: trovare un po' di pace nelle loro vite frenetiche. Un giorno, mentre si preparava a lasciare le terme, **sentì** due donne che parlavano di un nuovo centro benessere appena aperto. Sembrava che fosse ancora più lussuoso delle Terme di Széchenyi e la donna non poté fare a meno di **visitarlo**.

Quando arrivò, si rese subito conto che l'altra spa non era nulla in confronto alle sue amate terme. Era troppo **affollata**, troppo rumorosa e per nulla rilassante. Se ne andò in pochi minuti e giurò di non tornare mai più. La donna continuò a visitare le Terme di Széchenyi per molti anni, anche dopo essersi **ritirata** dal lavoro. Divenne la sua seconda casa e fece amicizia con alcuni membri del personale che si ricordavano sempre il suo nome e la salutavano con un **sorriso**.

Értelmezési kérdések

1. Milyen a budapesti Széchenyi Gyógyfürdő?

2. Mit szeretett mindig is csinálni a nő?

3. Mi történt a nővel az utóbbi időben?

4. Mire volt szüksége a nőnek?

5. Mit csomagolt a nő a fürdőben töltött napjára?

6. Mit érzett a nő, amikor a fürdőbe ért?

7. Mit csinált az asszony, amíg a fürdőben volt?

8. Mit érzett a nő, amikor elhagyta a fürdőt?

9. Mit hallott a nő, miközben készült elhagyni a fürdőt?

10. Mit csinált a nő, amikor megérkezett az új fürdőbe?

Domande di comprensione

1. Cosa sono le Terme Széchenyi di Budapest?

2. Cosa ha sempre amato fare la donna?

3. Cosa era successo alla donna negli ultimi tempi?

4. Di cosa aveva bisogno la donna?

5. Cosa ha messo in valigia la donna per la sua giornata alle terme?

6. Come si è sentita la donna quando è arrivata alle terme?

7. Che cosa fece la donna mentre era alle terme?

8. Come si è sentita la donna quando ha lasciato i bagni?

9. Che cosa ha sentito la donna mentre si preparava a lasciare i bagni?

10. Che cosa ha fatto la donna quando è arrivata alla nuova spa?

A strandon

Napfelkelte után a hullámok hangosabbak, és a homok a dagály felett fehér. Lesétálok a partra, **csodálom** a tengert és a napot. A lábujjaim érzik a kagylók barázdáit. A homok hideg a lábujjaimon. Mosolygok és továbbmegyek. A dagály magasan áll, ezért vigyáznom kell, nehogy belehúzódjak. Végigsétálok a vízparton, és gyönyörködöm a tengerben. **Gyönyörű a** napfelkelte, és a hullámok zúgnak. Olyan békésnek érzem magam. Egy olyan helyre érek, ahol egy szikla van. Leülök és nézem a hullámokat. A víz olyan kék, az ég pedig olyan **narancssárga**. Úgy érzem magam, mintha álmodnék. Behunyom a szemem, és csak hallgatom a hullámokat. Sokáig ültem ott, amíg meg nem hallottam, hogy valaki a nevemen szólít.

Kinyitom a szemem, és látom, hogy anyám felém tart. Aggódó arckifejezéssel. Mosolygok és integetek, mire ő **megnyugszik**. "Kíváncsi voltam, hová mentél" - mondja. "Örülök, hogy jól érzed magad a tengerparton." Azt felelem: "Igen." "Olyan gyönyörű itt." "Tudom", mondja. "Amikor annyi idős voltam, mint te, mindig ide jártam." "Tényleg?" Kérdezem. "Igen", válaszolja. "Ez egy különleges hely." "Találkoztál itt valaha különleges emberrel?" Kérdezem. "Igen", válaszolja mosolyogva. "Az apáddal." "Tényleg?" Mondom **meglepődve**. "Igen",

In spiaggia

Dopo l'alba, le onde sono più forti e la sabbia sopra la marea è bianca. Cammino verso la spiaggia, **ammirando** il mare e il sole. Le mie dita dei piedi sentono i solchi delle conchiglie. La sabbia è fredda sulle dita dei piedi. Sorrido e continuo a camminare. La marea è alta, quindi devo fare attenzione a non farmi trascinare. Cammino lungo la riva, ammirando il mare. L'alba è **bellissima** e le onde si infrangono. Mi sento così in pace. Arrivo a un punto in cui c'è una roccia affiorante. Mi siedo e guardo le onde. L'acqua è così blu e il cielo è così **arancione**. Mi sembra di essere in un sogno. Chiudo gli occhi e ascolto le onde. Rimasi seduto lì per molto tempo, finché non sentii qualcuno che chiamava il mio nome.

Apro gli occhi e vedo mia madre che viene verso di me. Ha un'espressione preoccupata. Le sorrido e la saluto, e lei **si rilassa**. "Mi chiedevo dove fossi andata", dice. "Sono contenta che ti stia godendo la spiaggia". Io rispondo: "Lo sto facendo". "È così bello qui". "Lo so", dice. "Venivo sempre qui quando avevo la tua età". "Davvero?" Chiedo. "Sì", risponde. "È un posto speciale". "Hai mai incontrato qualcuno di speciale qui?". Le chiedo. "Sì", risponde sorridendo. "Tuo padre". "Davvero?" Dico, **sorpreso**. "Sì", dice

mondja. “Régen mindig együtt jártunk ide. Itt szerettünk egymásba. “ Mosolygok, **elképzelem, ahogy** a szüleim ezen a gyönyörű tengerparton szerelembe esnek. “Ez egy különleges hely” - ismétli meg. “Örülök, hogy ma idejöttél.”

Még egy darabig ott ülünk, **nézzük** a hullámokat és a naplementét. Aztán felállunk, és visszasétálunk a strandtörülközőinkhez. Lefekszem és nézem a csillagokat. Olyan boldognak és elégedettnek érzem magam. A hullámok most már hangosabbak, és a homok hideg. A nap lenyugszik, és hűvös szellő fúj. A hullámok nekicsapódnak a partnak, és a levegőben ott van a só illata. Tökéletes este a tengerparton lenni. Sétálok a parton, **hallgatom a** hullámok zaját, és nézem a naplementét. Látom, hogy egy csapat ember ül a homokban, nevetgélnek és viccelődnek. Úgy tűnik, jól érzik magukat. Odasétálok hozzájuk, és megkérdezem, hogy csatlakozhatok-e hozzájuk. Igent mondanak, és az este hátralévő részét beszélgetéssel, nevetéssel és a **naplemente** nézésével töltjük. Tökéletes este volt. A csoporttal addig beszélgetünk, amíg a nap le nem megy. Történeteket és vicceket mesélünk, és mindannyian jól érezzük magunkat. Ahogy az éjszaka kezd leszállni, mindannyian fáradtnak érezzük magunkat. **Búcsúcsókot** adunk egymásnak, és elválnak útjaink. Boldogan és elégedetten sétálok vissza a szállodámba. El sem hiszem, hogy milyen szép itt.

lei. “Venivamo sempre qui insieme. È qui che ci siamo innamorati. “Sorrido, **immaginando i** miei genitori che si innamorano su questa bellissima spiaggia. “È un posto speciale”, ripete. “Sono felice che siate venuti qui oggi”.

Rimaniamo seduti ancora per un po’ a **guardare** le onde e il tramonto. Poi ci alziamo e torniamo ai nostri teli da mare. Mi sdraio e guardo le stelle. Mi sento così felice e soddisfatta. Le onde ora sono più forti e la sabbia è fredda. Il sole sta tramontando e soffia una brezza fresca. Le onde si infrangono sulla riva e nell’aria si sente l’odore del sale. È una serata perfetta per stare in spiaggia. Cammino lungo la riva, **ascoltando** il suono delle onde e guardando il tramonto. Vedo un gruppo di persone sedute sulla sabbia che ridono e scherzano. Sembra che si stiano divertendo molto. Mi avvicino a loro e chiedo se posso unirmi a loro. Mi rispondono di sì e passiamo il resto della serata a parlare, ridere e guardare il **tramonto**. È una serata perfetta. Io e il gruppo parliamo fino al tramonto. Condividiamo storie e battute e ci divertiamo molto. Quando la notte inizia a calare, cominciamo tutti a sentirci stanchi. Ci **salutiamo** con un bacio e ci separiamo. Torno al mio hotel, felice e soddisfatta. Non riesco a credere a quanto sia bello qui.

Értelmezési kérdések

1. Hová megy az elbeszélő, miután felébredt?

2. Mit csodál az elbeszélő, miközben a tengerparton sétál?

3. Mire kell figyelnie az elbeszélőnek, amikor a tengerparton sétál?

4. Hol ül le az elbeszélő, hogy élvezze a kilátást?

5. Mennyi ideig ül ott a narrátor?

6. Kit lát az elbeszélő, amikor újra kinyitja a szemét?

7. Mit mond az elbeszélő édesanyja?

8. Miről beszélgetnek az elbeszélő és az emberek, akikkel találkozik?

Domande di comprensione

1. Dove va la narratrice dopo essersi svegliata?

2. Che cosa ammira la narratrice mentre cammina lungo la spiaggia?

3. A che cosa deve fare attenzione la narratrice mentre cammina lungo la spiaggia?

4. Dove si siede il narratore per godersi il panorama?

5. Per quanto tempo il narratore rimane seduto lì?

6. Chi vede la narratrice quando riapre gli occhi?

7. Cosa dice la madre del narratore?

8. Di che cosa parlano il narratore e le persone che incontra?

Kempingezés a tónál

A tó felé sétálok, **csodálom a** táj békéjét. A nap rásüt a kis tóra, és a víz olyan, mintha üveglap lenne. Az egyetlen mozgás az időnkénti fodrozódás, amit egy-egy hal okoz, amelyik **megtörik** a felszínen. Úgy tűnik, még a madarak is szünetet tartanak a hőségben, csak a kabócák hangja tölti be a levegőt. A békét **hirtelen** egy hangos csobbanás töri meg. Egy nagy **hal** ugrott ki a vízből, és megpróbált elkapni egy szitakötőt. A hal célt téveszt, és egy csobbanással visszaesik a vízbe. “Hűha”, gondolom magamban, “ez egy nagy hal volt!”. Körülnéztem, hogy látta-e valaki más is, de senki sem volt a közelben. Azt hiszem, majd szólnom kell nekik, ha visszatérek a táborba.

A hőség **nyomasztó**, nehéz levegőt venni. A levegő sűrű és nehéz, mintha egy takaró tekeredne köréd. Az egyetlen enyhülés a vízben van. Hűvös és frissítő, mint egy hideg ital egy forró napon. Mély levegőt veszek, és belemerülök a vízbe. Azonnali megkönnyebbülést érzek, ahogy a hűvös víz körülvesz. Leúszom a fenékig, majd vissza a felszínre, érzem, ahogy a víz hűsíti a testemet. Folytatom az **úszást**, élvezem a hőségtől való megpihenést. Egy idő után kiszállok a vízből, és lefekszem a fűre, hogy a nap megszárítsa a testemet. Lehunyom a szemem, és álomba merülök,

Campeggio al lago

Cammino verso il lago, **ammirando** la tranquillità della scena. Il sole batte sul piccolo lago, facendo sembrare l'acqua una lastra di vetro. L'unico movimento è l'increspatura occasionale di un pesce **che rompe** la superficie. Anche gli uccelli sembrano prendersi una pausa dal caldo, con il solo suono delle cicale che riempie l'aria. **All'improvviso**, la pace è rotta da un forte tonfo. Un grosso **pesce** è saltato fuori dall'acqua, cercando di catturare una libellula. Il pesce manca il bersaglio e ricade in acqua con un tonfo. "Wow", penso tra me e me, "quello era un pesce grosso!". Mi guardai intorno per vedere se qualcun altro l'avesse visto, ma non c'era nessuno. Immagino che dovrò raccontarlo quando tornerò al campo.

Il caldo è **opprimente** e rende difficile respirare. L'aria è densa e pesante, come una coperta che ti avvolge. L'unico sollievo è l'acqua. È fresca e rinfrescante, come una bibita fresca in una giornata calda. Faccio un respiro profondo e mi immergo nell'acqua. Il sollievo è immediato quando l'acqua fresca mi circonda. Nuoto fino al fondo e poi risalgo in superficie, sentendo l'acqua rinfrescare il mio corpo. Continuo a **nuotare** a vasche, godendomi la tregua dal caldo. Dopo un po' esco dall'acqua e mi sdraio sull'erba, lasciando

a **kabócák** hangja mély álomba ringat. Hagyom, hogy a nap kisüsse a vizet a bőrömből. Érzem, hogy a bőröm kipirosodik, de nem érdekel. Túl forró vagyok ahhoz, hogy törődjek vele.A következő pillanatban már lemenőben van a nap. Az ég gyönyörű narancssárga, rózsaszín és lila csíkokkal. A hőség eltűnik, helyét hűvös **szellő** veszi át.

Felkelek, és felöltözöm, felfrissülve és megfiatalodva érzem magam. Mélyet **szippantok** a hűvös levegőből, és mosolygok. Jó érzés élni. Visszasétálok a táborhelyre, és csodálom, ahogy a színek táncolnak az égen. Látom a távolban égő tábortüzet, és érzem a füstöt a levegőben. Elmosolyodom és **felgyorsítom** a lépteimet. Készen állok a pihenésre és az este hátralévő részének élvezésére. Besétálok a táborhelyre, és látom, hogy mindenki a tűz köré gyűlt. **Nevetnek** és viccelődnek, és látom, hogy a tűz tükröződik a szemükben. Elmosolyodom, és leülök a barátaim mellé. Jó újra itt lenni. Másnap reggel korán kelek, és elkezdem összepakolni a holmimat. Alig várom, hogy újra az ösvényen legyek, és folytassam az utamat. Elbúcsúzom a barátaimtól és elindulok. Menet közben még egyszer utoljára megnézem a **táborhelyet**. Látom, hogy a tűz még mindig ég a távolban, és érzem a füst szagát a levegőben. Elmosolyodom és felgyorsítom a lépteimet. Kész vagyok folytatni **az utamat**.

che il sole asciughi il mio corpo. Chiudo gli occhi e mi addormento, mentre il suono delle **cicale** mi culla in un sonno profondo. Lascio che il sole scrosti l'acqua dalla mia pelle. Sento la pelle arrossarsi, ma non mi importa. Sono troppo accaldato per preoccuparmene. Il cielo è di un bellissimo arancione, con striature di rosa e viola. Il caldo è scomparso, sostituito da una fresca **brezza**.

Mi alzo e mi rivesto, sentendomi rinfrescata e ringiovanita. **Respiro** profondamente l'aria fresca e sorrido. È bello essere vivi. Torno al campeggio, ammirando il modo in cui i colori danzano nel cielo. Vedo il fuoco che arde in lontananza e sento l'odore del fumo nell'aria. Sorrido e **accelero il** passo. Sono pronto a rilassarmi e a godermi il resto della serata. Entro nel campeggio e vedo che tutti sono riuniti intorno al fuoco. **Ridono** e scherzano e posso vedere il fuoco riflesso nei loro occhi. Sorrido e mi siedo accanto ai miei amici. È bello essere tornati. La mattina dopo mi sveglio presto e comincio a raccogliere le mie cose. Sono impaziente di riprendere il cammino e continuare il mio viaggio. Saluto i miei amici e mi incammino. Mentre cammino, do un'ultima occhiata al **campeggio**. Vedo il fuoco ancora acceso in lontananza e sento l'odore del fumo nell'aria. Sorrido e accelero il passo. Sono pronto a continuare il mio **viaggio**.

Értelmezési kérdések

1. Hová megy a járókelő?

2. Milyen időjárás van?

3. Hogy néz ki a víz?

4. Hogyan reagál a járókelő a melegre?

5. Mit csinál a hal?

6. Miért van egyedül a járókelő?

7. Milyen érzés a víz?

8. Hogyan érzi magát a járókelő az úszás után?

9. Milyen napszakban ébred a járókelő?

10. Hová megy a járkáló, amikor elhagyja a tábort?

Domande di comprensione

1. Dove sta andando il camminatore?

2. Che tempo fa?

3. Che aspetto ha l'acqua?

4. Come reagisce il deambulatore al calore?

5. Cosa sta facendo il pesce?

6. Perché il camminatore è solo?

7. Come si sente l'acqua?

8. Come si sente il camminatore dopo il nuoto?

9. A che ora del giorno si sveglia il deambulatore?

10. Dove va l'ambulante quando lascia il campo?

A ház

Múlt héten költöztem be az új házamba, és annyira **izgatott** vagyok! Sokkal nagyobb, mint a régi házam, és van egy nagy hátsó kertje. Alig várom már, hogy a barátaim átjöjjenek hozzánk grillezni és bulizni. A **kedvenc** részem az új hálószobám. Olyan nagy és világos, és rengeteg helyem van a dolgaimnak. Nagyon örülök az új házamnak, és azt hiszem, nagyon boldog leszek itt. Úgy döntöttem, hogy egy kicsit jobban felfedezem a házat. Felmentem a második emeletre, és elindultam a konyha felé, amikor megláttam egy nagy fekete pókot a falon! Sikoltottam és leszaladtam a földszintre. Annyira **megijedtem**! De néhány perc múlva megnyugodtam, és úgy döntöttem, hogy visszamegyek az emeletre. Lassan eljutottam a konyhába, és láttam, hogy a pók eltűnt. Annyira megkönnyebbültem! Visszamentem a földszintre, és úgy döntöttem, hogy kimegyek, hogy felfedezzem a **hátsó udvart**. Olyan nagy volt! Nem tudtam elhinni. Láttam egy hintát a sarokban és egy csúszdát. Láttam még egy kosárlabdahálót és egy **trambulin**. Annyira izgatott voltam!

Alig várom, hogy használhassam ezeket az új dolgokat. A **szomszédok** átjöttek és bemutatkoztak. Nagyon kedvesnek tűntek, és egy darabig beszélgettünk.

La casa

La settimana scorsa mi sono trasferita nella mia nuova casa e sono così **entusiasta**! È molto più grande di quella vecchia e ha un grande cortile. Non vedo l'ora di invitare gli amici per grigliate e feste. La mia parte **preferita** è la mia nuova camera da letto. È così grande e luminosa e ho molto spazio per mettere tutte le mie cose. Sono molto contenta della mia nuova casa e penso che sarò molto felice qui. Ho deciso di esplorare ancora un po' la casa. Sono salita al secondo piano e ho iniziato a dirigermi verso la cucina quando ho visto un grosso ragno nero sul muro! Ho urlato e sono corsa di sotto. Ero così **spaventata**! Ma dopo qualche minuto mi sono calmata e ho deciso di tornare di sopra. Mi sono avvicinata lentamente alla cucina e ho visto che il ragno non c'era più. Ero così sollevata! Tornai al piano di sotto e decisi di uscire per esplorare il **giardino**. Era così grande! Non potevo crederci. Vidi un'altalena in un angolo e uno scivolo. Vidi anche una rete da basket e un **trampolino**. Ero così eccitato!

Non vedo l'ora di usare tutto questo nuovo materiale. I **vicini sono** venuti e si sono presentati. Sembravano molto gentili e abbiamo parlato per un po'. Mi hanno invitato al loro barbecue il prossimo fine settimana e ho detto che mi sarebbe piaciuto venire. La prima

Meghívtak a jövő hétvégi grillpartijukra, és mondtam, hogy szívesen megyek. Nagyszerű volt az első hetem az új házamban, és izgatottan várom az előttem álló új kalandokat. Ma ismét felfedezőútra megyek a hátsó kertbe, és megnézem, mit találok még. Ki tudja, talán még **kincset** is találok. Alig várom, hogy lássam, mit hoz a következő hét! A következő héten ismét felfedezőútra indultam a hátsó kertben, és találtam egy **titkos** kertet. Annyira gyönyörű volt! Mindenhol virágok voltak, és egy kis tavacska, amiben halak voltak. Láttam egy hintát is, amit még nem láttam. Annyira izgatott voltam, hogy megtaláltam ezt a titkos kertet, és alig várom, hogy még jobban felfedezzem. Annyira **gyönyörű** volt!

Mindenütt virágok voltak, és egy kis tavacska, benne halakkal. Láttam egy **hintát** is, amit még nem láttam. Annyira izgatott voltam, hogy megtaláltam ezt a titkos kertet, és alig várom, hogy még jobban felfedezzem. Az új szobámat is imádtam. Olyan nagy és világos volt, és a falakon már a kedvenc zenekaraim poszterei voltak. Még saját **bútort** sem kellett hoznom, mert már volt itt egy ágy, egy komód és egy íróasztal. Ez lesz a legjobb évem! Kicsit ideges voltam, hogy egy új **iskolában** kezdek, de az összes új szomszédom nagyon barátságos volt. Még egy lánnyal is találkoztam, aki a szomszédban lakik, és azt mondta, hogy az első nap elkísér az iskolába.

settimana nella mia nuova casa è stata fantastica e sono entusiasta di tutte le nuove avventure che mi aspettano. Oggi andrò di nuovo a esplorare il cortile per vedere cos'altro riesco a trovare. Chissà, forse troverò anche un **tesoro**. Non vedo l'ora di vedere cosa mi porterà la prossima settimana! La settimana successiva sono andata di nuovo in esplorazione nel cortile e ho trovato un giardino **segreto**. Era così bello! C'erano fiori dappertutto e un laghetto con i pesci. Ho visto anche un'altalena che non avevo mai visto prima. Ero così entusiasta di aver trovato questo giardino segreto e non vedo l'ora di esplorarlo ancora. Era così **bello**!

C'erano fiori dappertutto e un laghetto con dei pesci. Ho anche visto un'**altalena** che non avevo mai visto prima. Ero così entusiasta di aver trovato questo giardino segreto e non vedo l'ora di esplorarlo meglio. Mi è piaciuta molto anche la mia nuova stanza. Era così grande e luminosa e sulle pareti c'erano già i poster delle mie band preferite. Non ho nemmeno dovuto portare i miei **mobili**, perché c'erano già un letto, una cassettiera e una scrivania. Questo sarà l'anno migliore di sempre! Ero un po' nervosa all'idea di iniziare una nuova **scuola**, ma tutti i miei nuovi vicini sono stati così amichevoli. Ho persino conosciuto una ragazza che abita nella casa accanto e ha detto che verrà a scuola con me il primo giorno.

Értelmezési kérdések

1. Hol él az illető?

2. Hogy tetszik az illetőnek az új házban?

3. Mi az illető kedvenc része az új házban?

4. Mit talált az illető a kertben?

5. Kik a szomszédok?

6. Hogyan érezte magát az illető az első napokban az új házban?

7. Mi a személy kedvenc része az új szobában?

8. Mit tervez a személy holnapra?

9. Mi volt a legjobb része a személy első hetének az új házban?

10. Mi minden van a személy új szobájában?

Domande di comprensione

1. Dove vive la persona?

2. Come si trova la persona nella nuova casa?

3. Qual è la parte preferita della nuova casa?

4. Che cosa ha trovato la persona nel giardino?

5. Chi sono i vicini?

6. Come sono stati i primi giorni nella nuova casa?

7. Qual è la parte preferita della nuova stanza?

8. Che cosa ha intenzione di fare domani?

9. Qual è stata la parte migliore della prima settimana nella nuova casa?

10. Che cosa c'è nella nuova stanza della persona?

A vonaton

Rohantam a vasútállomásra, de elkéstem. A vonat már elindult nélkülem. Olyan **dühösnek** és **csalódottnak** éreztem magam. Azt terveztem, hogy vonattal meglátogatom a vidéken élő nagyszüleimet, de most egy egész órát kellett várnom a következő vonatra. Úgy döntöttem, inkább sétálok egy kicsit a városban, és megpróbáltam elfelejteni az elszalasztott lehetőséget. Ahogy sétáltam, elkezdtem **álmodozni arról a** sok helyről, ahová a **vonatokkal** el lehet jutni. Hirtelen már nem is voltam olyan ideges. Visszamentem az állomásra, és nem tudtam nem észrevenni a nagy piros-fehér-kék mozdonyt, amely felém robogott. Csak amikor meglátom, hogy a **kalauz** integet nekem az ablakból, akkor jövök rá, hogy ez a vonat nekem szól. Felszállok a vonatra, megtalálom a helyem, és elhelyezkedem a hosszúnak ígérkező útra.

Ahogy kihajtunk az állomásról, nem tehetek róla, de azon tűnődöm, hová fog ez a vonat vinni. Zöld **mezőkön** és kék folyókon át, hegyek és völgyek mellett, nem lehet tudni, hová fog ez az öreg vonat vezetni. Ahogy az éjszaka kezd leszállni, **békés** álomba merülök, amit a síneken haladó kocsik **ritmikus** mozgása nyugtat meg. Amikor újra eljön a reggel, kinyitom a szemem, és azt látom, hogy egy

Sul treno

Corsi alla stazione ferroviaria, ma ero troppo in ritardo. Il treno era già partito senza di me. Mi sentivo così **arrabbiata** e **delusa** con me stessa. Avevo intenzione di prendere il treno per andare a trovare i miei nonni che vivono in campagna, ma ora avrei dovuto aspettare un'ora intera per il treno successivo. Decisi invece di passeggiare un po' per la città, cercando di dimenticare l'occasione persa. Mentre camminavo, ho iniziato a **sognare a occhi aperti** tutti i luoghi in cui il **treno** può portarti. Improvvisamente, non ero più così arrabbiata. Rientro in stazione e non posso fare a meno di notare la grande locomotiva rossa, bianca e blu che si dirige verso di me. Solo quando vedo il **capotreno che** mi saluta dal finestrino capisco che quel treno è per me. Salgo sul treno e trovo il mio posto, sistemandomi per quello che si preannuncia un lungo viaggio.

Mentre usciamo dalla stazione, non posso fare a meno di chiedermi dove mi porterà questo treno. Attraverso **campi** verdi e fiumi blu, passando per montagne e valli, non si sa dove andrà questo vecchio treno. Quando inizia a calare la notte, mi addormento in un sonno **tranquillo**, cullato dal movimento **ritmico** dei vagoni sui binari sottostanti. Quando arriva il mattino, apro gli occhi e scopro che siamo arrivati in una piccola città

kisvárosba érkeztünk valahol a semmi közepén. A nap épp csak kibukkan a horizont mögül, amikor a helyiek elkezdenek nyüzsögni a Fő utcán; úgy néz ki, mint bármelyik másik nap, kivéve egy dolgot - a városháza közelében egy nagy tábla van kifüggesztve, amelyen az áll: “Üdvözöljük a fedélzeten!” Úgy tűnik, ez a kisváros már várt minket, pedig mi csak egy közönséges személyvonat vagyunk, amely másfelé tart. Ahogy ismét magunk mögött hagyjuk a várost, és tovább zötykölődünk, ki tudja, merre tovább, mosolygok a barátságos arcokon, amelyek búcsút intenek a kis házakból, amelyek a **szántóföldek** között állnak **-** tényleg elképesztő, hogy egy ilyen látszólag hétköznapi dolog mennyi örömet tud okozni pusztán azzal, hogy átutazunk. És persze ott vannak a **gyerekek**.

Kihajolok a mozdony ablakán. Mindig olyan boldoggá tesznek ragyogó szemükkel és széles vigyorukkal. Energikusan visszaintegetek nekik, mielőtt visszatérek a **kabinomba,** és helyet foglalok. Már így is hosszú nap volt, de még nincs vége, még van néhány óra, amíg elérjük a **végállomásunkat**. Előveszem a könyvemet, és olvasni kezdek, hagyom, hogy a vonat ritmikus ringatózása békés állapotba ringasson. Időnként felpillantok a kint elhaladó tájra - sosem unom meg, akárhányszor látom is. Végül az éjszaka kezd leszállni, és a távolban **csillogó** fények tűnnek fel; lassan közeledünk.

nel bel mezzo del nulla. Il sole fa appena capolino all'orizzonte, mentre la gente del posto inizia a girare per la Main Street; sembra un giorno come un altro, tranne che per una cosa: c'è un grande cartello affisso vicino al municipio che recita "Benvenuti a bordo!". Sembra che questa piccola città ci stesse aspettando, anche se siamo solo un normale treno **passeggeri** di passaggio sulla nostra strada. Mentre ci lasciamo ancora una volta la città alle spalle, andando verso chissà dove, sorrido a tutte le facce amichevoli che ci salutano da quelle casette incastonate tra i **campi coltivati:** è davvero incredibile come qualcosa di così apparentemente ordinario possa portare tanta gioia semplicemente passando di lì. E poi, naturalmente, ci sono i **bambini**.

Mi affaccio al finestrino della mia locomotiva. Mi fanno sempre sentire così felice con i loro occhi lucidi e i loro grandi sorrisi. Li saluto energicamente prima di tornare nella mia **cabina** e sedermi. È stata già una lunga giornata, ma non è ancora finita; mancano ancora alcune ore per raggiungere la nostra **destinazione** finale. Tiro fuori il mio libro e inizio a leggere, lasciando che il dondolio ritmico del treno mi culli in uno stato di pace. Di tanto in tanto alzo lo sguardo verso il paesaggio che passa fuori: non diventa mai vecchio, anche se lo vedo tante volte.

Értelmezési kérdések

1. Hová megy a vonat?

2. Ki utazik a vonaton?

3. Mikor indul a vonat?

4. Hogyan jut fel a főhős a vonatra?

5. Honnan jön a vonat?

6. Hová megy a vonat legközelebb?

7. Mikor érkeztek az utasok?

8. Mit érez a főhős, amikor lekési a vonatot?

9. Hogyan reagál a mozdonyvezető, amikor meglátja a főhőst?

10. Miért szereti a főhős a vonatokat?

Domande di comprensione

1. Dove va il treno?

2. Chi viaggia sul treno?

3. Quando parte il treno?

4. Come fa il protagonista a salire sul treno?

5. Da dove viene il treno?

6. Dove è diretto il treno?

7. Quando sono arrivati i passeggeri?

8. Come si sente il protagonista quando perde il treno?

9. Come reagisce il macchinista quando vede il protagonista?

10. Perché al protagonista piacciono i treni?

Főzés vacsora

Most délután 5 óra van, és hazafelé sétálok a munkából. **Alig vá**rom, hogy nyugodt estét tölthessek otthon a párommal. Együtt főzünk vacsorát, aztán az este hátralévő részében csak pihenünk. Jó érzés tudni, hogy ma **este nincsenek** terveim vagy kötelezettségeim. Hazaérek, és a párom már a konyhában van, és elkezdi elkészíteni a vacsoránkat. **Csodálatos** illat van itt! Főzés közben beszélgetünk, felidézzük egymás napjait, és megosztjuk egymással a munkánkkal kapcsolatos apró történeteket. A konyha a kedvenc helyiségem a lakásunkban. Imádok főzni, és különösen szeretek a párommal együtt főzni. Mindig olyan jól érezzük magunkat itt, nevetünk és viccelődünk, miközben viharosan főzünk. Ráadásul az ételek mindig **hihetetlenek, amikor együtt** dolgozunk.

Ma este az egyik kedvenc receptemet készítjük: parmezános **csirkét. A** párom a csirke panírozásával kezdi, míg én a **tűzhelyen** felforralom a szószt. Úgy dolgozunk együtt, mint egy jól olajozott gépezet, és nemsokára kész a vacsora. Leülünk a kis konyhaasztalunkhoz, **tányérokat** halmozunk fel parmezános csirkével, tésztával és salátával. Koccintunk a poharakkal, és megesszük az első falatot - és ez **mennyei**! A csirke kívül ropogós, de

Cucinare la cena

Sono le 17.00 e sto tornando a casa dal lavoro. Non vedo l'**ora** di passare una serata tranquilla a casa con il mio compagno. Cucineremo insieme la cena e poi ci rilasseremo per il resto della serata. È bello sapere che questa **sera non ho** programmi o obblighi. Arrivo a casa e il mio partner è già in cucina a preparare la cena. C'è un profumo **fantastico** qui dentro! Chiacchieriamo mentre cuciniamo, raccontandoci le nostre giornate e condividendo piccole storie della nostra vita lavorativa. La cucina è la mia stanza preferita del nostro appartamento. Adoro cucinare e soprattutto adoro farlo con il mio compagno. Ci divertiamo sempre molto qui dentro, ridendo e scherzando mentre cuciniamo. Inoltre, il cibo è sempre **incredibile** quando lavoriamo **insieme**.

Stasera prepariamo una delle mie ricette preferite di sempre: il **pollo** alla parmigiana. Il mio collega inizia a impanare il pollo, mentre io faccio cuocere la salsa sul **fuoco**. Lavoriamo insieme come una macchina ben oliata e in poco tempo la cena è pronta da servire. Ci sediamo al tavolo della nostra cucina con i **piatti** colmi di pollo alla parmigiana, pasta e insalata. Facciamo tintinnare i bicchieri e assaggiamo il primo boccone... ed è **paradisiaco**! Il pollo è croccante all'esterno ma succoso all'interno; il sugo è saporito e

belül szaftos; a szósz ízletes és tökéletes; a tészta al dente főtt... ma este minden teljesen tökéletes ízű. Mindketten tudjuk, hogy ez egyike volt azoknak az estéknek, amikor minden tökéletesen összeállt, miközben **ízlelgetjük a** finom étel minden egyes falatját. Az íze még jobb volt, mint az illata - ami rohadt jó volt! Viszonylag gyorsan befejezzük az étkezést, mivel egyikünk sem különösebben éhes ma, de nem sietjük el, hogy még néhány **pohár** bort élvezzünk, miközben könnyedén beszélgetünk erről-arról a témáról. Vacsora után gyorsan kitakarítunk együtt, majd átvonulunk a nappaliba, ahol a kanapén **összebújva** töltünk egy kis időt tévénézés közben.

Olyan jó érzés egymás közelében lenni egy hosszú, külön töltött **munkanap** után. Elégedettnek érzem magam. Annak ellenére, hogy nem volt egy eseménydús esténk, jó volt csak egy kis időt együtt tölteni anélkül, hogy el kellett volna hagynunk a házat. Megnéztünk egy filmet, és korán lefeküdtünk, **elégedettek voltunk az** egyszerű éjszakánkkal. Ez lett az egyik **kedvenc programunk azokon az** estéken, amikor nem akarunk kimozdulni - csak pihenünk otthon, és élvezzük egymás társaságát egy házi készítésű étel mellett. Mindig jó tudni, hogy egy hosszú nap után ide visszatérhetünk, és csak önmagunk lehetünk.

perfetto; la pasta è cotta al dente... tutto ha un sapore assolutamente perfetto stasera. Sappiamo entrambi che questa è stata una di quelle sere in cui tutto si è unito alla perfezione, mentre **assaporiamo** fino all'ultimo boccone il nostro delizioso pasto. Il sapore era persino migliore del profumo, che era dannatamente buono! Finiamo il pasto relativamente in fretta, visto che oggi nessuno dei due ha particolarmente fame, ma ci prendiamo tutto il tempo necessario per goderci qualche altro **bicchiere di** vino chiacchierando con leggerezza di questo e quell'argomento. Dopo cena, puliamo velocemente insieme e poi ci spostiamo in salotto, dove passiamo un po' di tempo **a coccolarci** sul divano guardando la TV.

È così bello stare vicini dopo una lunga giornata di **lavoro**. Mi sento soddisfatta. Anche se non abbiamo avuto una serata movimentata, è stato bello passare un po' di tempo insieme senza dover uscire di casa. Abbiamo guardato un film e siamo andati a letto presto, sentendoci **soddisfatti** della nostra semplice serata. Questa è diventata una delle cose che **preferiamo** fare nelle sere in cui non vogliamo uscire: rilassarci a casa e goderci la reciproca compagnia con un pasto fatto in casa. È sempre bello sapere che possiamo tornare qui dopo una lunga giornata ed essere semplicemente noi stessi.

Értelmezési kérdések

1. Honnan származik a narrátor?

2. Mit csinál az elbeszélő munka után?

3. Mit eszik az elbeszélő vacsorára?

4. Miért szereti az elbeszélő a konyhát?

5. Milyen ételt főz a házaspár?

6. Mit érez az elbeszélő az este végén?

7. Mi a pár kedvenc elfoglaltsága?

8. Mit csinál a pár, amikor elfárad?

9. Hol alszanak?

10. Miért szeret az elbeszélő otthon maradni?

Domande di comprensione

1. Da dove viene il narratore?

2. Cosa fa il narratore dopo il lavoro?

3. Cosa mangia il narratore per cena?

4. Perché al narratore piace la cucina?

5. Che tipo di piatto cucina la coppia?

6. Come si sente il narratore alla fine della serata?

7. Qual è la cosa che la coppia preferisce fare?

8. Cosa fa la coppia quando è stanca?

9. Dove dormono?

10. Perché al narratore piace stare a casa?

Hazasétálok

Békés este volt, ahogy hazafelé sétáltam a munkából. Ahogy mentem, nem tudtam megállni, hogy ne mosolyogjak az emlékeken. Jó érzés volt újra a régi környékemen lenni. Integettem néhány ismerősömnek, és ők visszaintegettek. Jó volt otthon lenni. Elsétáltam a régi iskolám mellett, és **eszembe jutott az a** sok jó idő, amit a barátaimmal töltöttem. Mindig együtt sétáltunk haza, és beszélgettünk a napunkról. **Néha** megálltunk fagyizni, vagy elmentünk a parkba. Azok voltak a legjobb idők. Hiányoznak azok az idők. De most már saját családom van, és boldog vagyok az életemmel. Örülök, hogy visszatekinthetek ezekre az emlékekre és mosolyoghatok. Ezek az életem olyan részei, amelyeket mindig is nagyra fogok tartani. Azok voltak a legjobb idők. Hiányoznak azok az idők. De most már saját családom van, és boldog vagyok az életemmel. Örülök, hogy visszatekinthetek ezekre az **emlékekre** és mosolyoghatok. Olyan részei az életemnek, amelyeket mindig is nagyra fogok tartani.

Tovább sétálok, és a barátaimmal töltött szép időkre gondolok. Tudom, hogy hamarosan újra látom őket. Elindulok hazafelé, és úgy döntök, hogy egy közeli parkon keresztül sétálok. A nap már lemenőben van,

Camminare verso casa

Era una notte **tranquilla** mentre tornavo a casa dal lavoro. Mentre camminavo, non potevo fare a meno di sorridere ai ricordi. Era bello tornare nel mio vecchio quartiere. Salutai alcune persone che conoscevo e loro ricambiarono il saluto. Era bello essere a casa. Passai davanti alla mia vecchia scuola e **ricordai** tutti i bei momenti passati con i miei amici. Tornavamo sempre a casa insieme e parlavamo della nostra giornata. **A volte ci** fermavamo a prendere un gelato o andavamo al parco. Erano i momenti migliori. Mi mancano quei momenti. Ma ora ho la mia famiglia e sono felice della mia vita. Sono felice di poter guardare indietro a quei ricordi e sorridere. Sono una parte della mia vita che conserverò per sempre. Erano i tempi migliori. Mi mancano quei tempi. Ma ora ho la mia famiglia e sono felice della mia vita. Sono felice di poter guardare indietro a quei **ricordi** e sorridere. Sono una parte della mia vita che conserverò per sempre.

Continuo a camminare, pensando ai bei momenti passati con i miei amici. So che li rivedrò presto. Mi dirigo verso casa e decido di passeggiare in un parco lì vicino. Il sole sta tramontando e il cielo sta diventando di un **bel** colore arancione. Il parco è vuoto, a parte

és az ég **gyönyörű** narancssárga színűre változik. A park üres, kivéve néhány madár csicsergését a fák között. Veszek egy mély **lélegzetet** és elmosolyodom. Ahogy sétálok a parkban, látom, hogy egy hullócsillag szeli át az eget. Kívánok valamit a csillagnak, és tovább sétálok. A munkahelyi napomra gondolok, és arra, hogy milyen **békés** volt. Mosolygok magamban, és arra gondolok, milyen szerencsés vagyok, hogy ilyen remek munkám van. Hazasétálok, **érzem** a hűvös éjszakai levegőt a bőrömön. Olyan élőnek és boldognak érzem magam, csak élvezem az egyszerű tettet, hogy hazasétálok egy békés éjszakán.
Olyan jól éreztem magam, hogy **fütyörészni** kezdtem. Elsétáltam néhány ember mellett az utcán, de mindenki a saját dolgával törődött.

Befordultam az utcámba, és megláttam a szomszéd macskáját, Mr. Whiskers-t, aki a verandámon ült. Köszöntem neki, és ő visszanyávogott. **Kinyitottam az** ajtót, és bementem. Annyira boldog voltam, hogy otthon vagyok. Levettem a cipőmet és lefekvéshez készülődtem. Aznap este boldogan és hálásan feküdtem le, a szívem tele volt szeretettel. Egész éjjel nyugodtan aludtam, nem aggódtam semmi miatt. Felébredtem pihentető álmomból, és az ablakomon besütő nap **fogadott.** Kikeltem az ágyból, kinyújtóztam, vettem egy mély lélegzetet, és éreztem, ahogy a hűvös levegő kitölti a tüdőmet.

qualche uccello che cinguetta tra gli alberi. Faccio un **respiro** profondo e sorrido. Mentre cammino nel parco, vedo una stella cadente che attraversa il cielo. Esprimo un desiderio su quella stella e continuo a camminare. Penso alla mia giornata di lavoro e a quanto sia stata **tranquilla**. Sorrido tra me e me, pensando a quanto sono fortunata ad avere un lavoro così bello. Cammino verso casa, **sentendo** l'aria fresca della notte sulla mia pelle. Mi sento così viva e felice, godendomi il semplice atto di tornare a casa in una notte tranquilla.
Mi sentivo così bene che iniziai a **fischiettare**. Passai accanto ad alcune persone per strada, ma tutte si facevano gli affari loro.

Svoltato l'angolo della mia strada, vidi il gatto del mio vicino, Mr. Whiskers, seduto sul mio portico. Lo salutai e lui ricambiò il miagolio. **Aprii la** porta ed entrai.
Ero così felice di essere a casa. Mi tolsi le scarpe e mi preparai per andare a letto. Quella sera andai a letto felice e grata, con il cuore pieno d'amore. Dormii profondamente per tutta la notte, senza preoccuparmi di nulla. Mi svegliai da un sonno ristoratore e fui **accolta** dal sole che entrava dalla finestra. Mi alzai dal letto e mi stiracchiai, facendo un respiro profondo e sentendo l'aria fresca riempirmi i polmoni.

Értelmezési kérdések

1. Mit csinált a főszereplő, amikor a történet elkezdődött?

2. Mire gondolt a főhős, amikor hazafelé tartott?

3. Mit szokott a főhős a barátaival csinálni iskola után?

4. Mi hiányzik a főhősnek azokból az időkből?

5. Mit gondol a főhős a jelenlegi életéről?

6. Mit tesz a főhős, amikor hullócsillagot lát?

7. Mit érez a főhős, amikor hazafelé tart?

8. Mit csinál a főhős, amikor hazaérnek?

9. Mit érez a főszereplő, amikor másnap reggel felébred?

10. Mit csinál a főhős másnap?

Domande di comprensione

1. Cosa stava facendo il protagonista quando è iniziata la storia?

2. A cosa pensava il protagonista mentre tornava a casa?

3. Cosa faceva il protagonista con gli amici dopo la scuola?

4. Cosa manca al protagonista di quei tempi?

5. Cosa pensa il protagonista della sua vita attuale?

6. Cosa fa il protagonista quando vede una stella cadente?

7. Come si sente il protagonista quando torna a casa?

8. Cosa fa il protagonista quando torna a casa?

9. Come si sente il protagonista quando si sveglia la mattina dopo?

10. Cosa fa il protagonista il giorno dopo?

A kastély

A család mindig is szeretett volna meglátogatni egy régi **németországi** kastélyt, és végül el is utaztak. Nem **csalódtak**. A kastély gyönyörű volt, és élvezték a sok szoba és folyosó felfedezését. Az első dolog, ami megfogta őket, az a szag volt. **Penészt**, nedvességet és valami mást is találtak, amit nem tudtak pontosan meghatározni. A második dolog a hangok voltak. A kőfalak vastagok, de nem tompítják teljesen a hangokat. Hallottak minden lépést, minden normális hangon kimondott szót, és a víz időnkénti csöpögését **valahol a** távolban. Ahogy a szemük alkalmazkodott a halvány fényhez, hatalmas kőfalakat láttak maguk körül, amelyekről **foszlott** foszlányokban lógtak a kárpitok. Egy hatalmas teremben álltak, amelynek magas mennyezetét faragott oszlopok támasztották alá. A tornyokból nyíló kilátás is tetszett nekik, és a gyerekek nagyon jól érezték magukat a terepen futkározva. A **nap már** kezdett lenyugodni, mire befejezték a kastély felfedezését, és sajnálták, hogy nem hoztak magukkal **zseblámpát**. Úgy döntöttek, hogy visszamennek a bejárathoz, de hamarosan eltévedtek. Óráknak tűnő ideig bolyongtak, míg végül egy ajtóra bukkantak, amely kifelé vezetett. Továbbmentek, amíg a folyosó végére nem **értek,** és egy impozáns, kétszárnyú ajtóhoz értek. Bárhogy is próbálkoztak, az ajtók nem mozdultak.

Il castello

La famiglia aveva sempre desiderato visitare un antico castello in **Germania** e finalmente ha intrapreso il viaggio. Non sono rimasti **delusi**. Il castello era bellissimo e si sono divertiti a esplorare le sue stanze e i suoi corridoi. La prima cosa che li colpì fu l'odore. Trovarono **muffa**, umidità e qualcos'altro che non riuscirono a definire con precisione. La seconda cosa è stata il suono. I muri di pietra sono spessi, ma non attutiscono completamente il suono. Sentirono ogni passo, ogni parola pronunciata con voce normale e l'occasionale gocciolio dell'acqua **da qualche parte** in lontananza. Quando i loro occhi si adattarono alla luce fioca, videro le massicce mura di pietra che incombevano intorno a loro, con gli arazzi appesi a **brandelli**. Si trovavano in un'enorme sala con un alto soffitto sostenuto da pilastri scolpiti. Anche a loro piaceva molto la vista che si godeva dalle torrette e i bambini si divertivano un mondo a correre per il parco. Quando finirono di esplorare il castello, il **sole** era già tramontato e si pentirono di non aver portato una **torcia**. Decisero di tornare all'ingresso, ma si persero subito. Vagarono per ore e ore, finché alla fine trovarono una porta che conduceva all'esterno. Proseguirono fino **alla** fine del corridoio e si trovarono davanti a un'imponente serie di doppie porte. Per

Baljósan zörögtek, de egy centit sem mozdultak. Úgy tűnt, hogy bárki is járt itt korábban, biztos itt ment át, és belülről bezárta őket. Végül megtalálják a kijáratot. Megkönnyebbülés öntötte el őket, ahogy kiléptek a hűvös éjszakai levegőre.

A nap már kezdett lenyugodni, és **sajnálták, hogy** nem hoztak magukkal zseblámpát. Úgy döntöttek, hogy visszamennek a bejárathoz, de hamarosan eltévedtek. Óráknak tűnő ideig bolyongtak, míg végül egy ajtóra bukkantak, amely **kifelé** vezetett. Megkönnyebbülés töltötte el őket, amikor kiléptek a hűvös éjszakai levegőre. Másnap este mindenképpen vittek magukkal zseblámpát, amikor felfedezték a kastély többi részét. Végigsétáltak az **udvaron**, és lementek a folyóhoz, amely a várfalak mögött folyt. Ahogy sétáltak, furcsa hangokat kezdtek hallani. Úgy hangzott, mintha valaki követné őket. Felgyorsították a lépteiket, de a zajok egyre hangosabbak és közelebb jöttek. A család visszaszaladt a kastélyba, amilyen gyorsan csak tudott, és megkönnyebbülten látták, hogy a **sötét** köpenyes alak nem követte őket.

quanto potessero, le porte non si muovevano. Scricchiolano **minacciosamente**, ma non si muovono di un millimetro. Sembrava che chiunque fosse stato qui prima dovesse essere passato di qui e averle chiuse dall'interno. Alla fine trovano una via d'uscita. Il sollievo li invade mentre escono nell'aria fresca della notte.

Il sole aveva iniziato a tramontare e si **pentirono di non aver** portato una torcia elettrica. Decisero di tornare all'ingresso, ma presto si persero. Vagarono per ore e ore, finché alla fine trovarono una porta che conduceva all'**esterno**. Il sollievo li colse quando uscirono nell'aria fresca della notte. La sera successiva si assicurarono di portare con sé una torcia per esplorare il resto del castello. Attraversarono il **cortile** e scesero fino al fiume che scorreva dietro le mura del **castello**. Mentre camminavano, cominciarono a sentire strani rumori. Sembrava che qualcuno li stesse seguendo. Accelerarono il passo, ma i rumori diventavano sempre più forti e vicini. La famiglia tornò al castello il più velocemente possibile e si accorse con sollievo che la figura con il mantello **scuro** non li aveva seguiti.

Értelmezési kérdések

1. Mit csinált a család, amikor eltévedtek a kastélyban?

2. Mit érzett a család, amikor kiderült, hogy csak egy helyi férfi volt?

3. Mit tett a férfi, amiért letartóztatták?

4. Milyen ítéletet kapott a férfi?

5. Milyen zajt hallott a család séta közben?

6. Hol volt a sötét köpenyes alak, amikor a család meglátta?

7. Mit csinált a család, amikor visszatértek a szobájukba?

8. Mikor ment a család újra felfedezni a kastélyt?

9. Mi volt az a dolog, amire a család nem tudott rájönni?

10. Mit csinált a család, mielőtt újra felfedezték a kastélyt?

Domande di comprensione

1. Cosa fece la famiglia quando si perse nel castello?

2. Come si è sentita la famiglia quando ha scoperto che si trattava solo di un uomo del posto?

3. Che cosa ha fatto l'uomo che lo ha fatto arrestare?

4. Qual è stata la sentenza per l'uomo?

5. Quale rumore ha sentito la famiglia mentre camminava?

6. Dov'era la figura con il mantello scuro quando la famiglia lo vide?

7. Che cosa ha fatto la famiglia quando è tornata nella sua stanza?

8. Quando la famiglia è tornata a esplorare il castello?

9. Qual era la cosa che la famiglia non riusciva a capire?

10. Cosa fece la famiglia prima di tornare a esplorare il castello?

Az én kertem

A kertem a boldogságom helyszíne. Minden nap kimegyek oda, akár esik, akár fúj, és időt töltök a növényeim gondozásával. **Mindenből** van egy kicsit **- zöldség**, gyümölcs, virág, fűszernövény. Még néhány csirkém is van, amelyek segítenek távol tartani a kártevőket. A kertben töltött napjaimat azzal kezdem, hogy tojást gyűjtök a csirkéktől. Aztán ellenőrzöm a zöldségeimet, hogy kapnak-e elég vizet és napot. Gyomlálom az ágyásokat, és leszedem a növényeket **megtámadó** bogarakat. Miután **mindenről gondoskodtam**, hátradőlök, és élvezem a természet békéjét és nyugalmát.

Mindig is szerettem időt tölteni a kertemben. Van valami abban, hogy körülvesz a természet és minden **szépség, amit** kínál. Nagyon békés és megnyugtató helynek tartom. Gyakran töltök időt a kertemben, csak pihenek és élvezem a tájat. Szeretek a kertben dolgozni és termeszteni is. Elég nagy kertem van, és szeretek **sokféle** dolgot termeszteni benne. Virágokat, **zöldségeket** és fűszernövényeket termesztek. Van néhány gyümölcsfám is, amelyek finom almát, körtét és szilvát teremnek. A termesztésen kívül szívesen töltöm az időt azzal is, hogy csak sétálok a kertemben, és **csodálom a** különböző növényeket és állatokat,

Il mio giardino

Il mio giardino è il mio luogo felice. Esco ogni giorno, con la pioggia o con il sole, e passo il tempo a curare le mie piante. Ho un po' di **tutto: verdure**, frutta, fiori, erbe aromatiche. Ho anche alcune galline che mi aiutano a tenere lontani i parassiti. Inizio le mie giornate in giardino raccogliendo le uova dalle galline. Poi controllo le verdure, assicurandomi che ricevano acqua e sole a sufficienza. Diserbo le aiuole e rimuovo gli insetti che potrebbero **attaccare** le piante. Una volta sistemato **tutto**, mi siedo e mi godo la pace e la tranquillità della natura.

Ho sempre amato trascorrere del tempo nel mio giardino. C'è qualcosa nell'essere circondati dalla natura e da tutta la **bellezza che** ha da offrire. Trovo che sia un luogo molto tranquillo e rilassante. Spesso trascorro il tempo nel mio giardino rilassandomi e godendomi il paesaggio. Mi piace anche lavorare nel mio giardino e coltivare. Ho un giardino di buone dimensioni e mi piace coltivare **diverse** cose. Coltivo fiori, **verdure** ed erbe aromatiche. Ho anche alcuni alberi da frutto che producono mele, pere e prugne deliziose. Oltre a coltivare, mi piace anche passare il tempo passeggiando nel mio giardino, **ammirando** tutte le piante e gli animali che lo abitano. Negli anni

amelyek otthont adnak neki. Az évek során sok órát töltöttem azzal, hogy a **kertemet olyan** hellyé alakítsam, amely nemcsak szép, hanem funkcionális is. Szeretem nézni a madarakat, ahogyan röpködnek és hallgatni az éneküket. Néha még egy könyvet is előveszek, és olvasok a kertben, miközben körülvesz az általam létrehozott szépség. A **kertészkedés a** szenvedélyem, és nagyon sok örömet okoz nekem. Minden nap a kertemben egy jó nap.

Az egyik dolog, amit szeretek csinálni, az a főzés, ezért egy jól felszerelt fűszerkert nagyon **fontos** számomra. Kakukkfű, bazsalikom, oregánó, rozmaring, zsálya és levendula csak néhány azok közül a fűszernövények közül, amelyeket szívesen termesztek a kertemben, hogy felhasználhassam őket, amikor magamnak vagy **vendégeimnek** főzök. A másik dolog, ami fontos számomra a kertemmel kapcsolatban, hogy biztosítsam, hogy sok szín legyen benne. Ennek érdekében sokféle virágot termesztek, többek között **rózsát**, liliomot, százszorszépet, tulipánt, impatiens-t, körömvirágot stb. Amellett, hogy a virágokkal színt adok a kertnek, a különböző **textúrák** használatával is szeretem érdekessé tenni azt. Például páfrányokat ültetek a magasra törő napraforgók alá, vagy hostákat **a** tüskés díszfüvek **mellé.** Nem számít, mi történik az életben, a kertben végzett munka mindig segít abban, hogy jobban kapcsolódjak a természethez és megbékéljek önmagammal.

ho trascorso molte ore a lavorare per rendere il mio **giardino** un luogo non solo bello ma anche funzionale. Mi piace osservare gli uccelli che svolazzano in giro e ascoltarli cantare. A volte tiro fuori un libro e leggo in giardino, circondata da tutta la bellezza che ho creato. Il **giardinaggio** è la mia passione e mi porta tanta gioia. Ogni giorno nel mio giardino è un buon giorno.

Una delle cose che amo fare è cucinare, quindi avere un giardino di erbe aromatiche ben fornito è molto **importante** per me. Timo, basilico, origano, rosmarino, salvia e lavanda sono solo alcune delle erbe che mi piace coltivare nel mio giardino per poterle usare quando cucino per me o per gli **ospiti**. Un'altra cosa importante per me quando si tratta del mio giardino è assicurarmi che ci sia molto colore in tutto il giardino. Per raggiungere questo obiettivo, coltivo una grande varietà di fiori, tra cui **rose**, gigli, margherite, tulipani, impatiens, calendule, ecc. Oltre ad aggiungere colore con i fiori, mi piace anche aggiungere interesse utilizzando diverse **texture** in tutto il giardino. Per esempio, potrei piantare felci sotto imponenti girasoli o hosta **accanto a** spigolose erbe ornamentali. Indipendentemente da ciò che accade nella vita, lavorare nel mio giardino **riesce** sempre a farmi sentire più connessa con la natura e in pace con me stessa.

Értelmezési kérdések

1. Hol van a szerző kertje?

2. Hány csirkéje van a szerzőnek?

3. Mit csinál a szerző minden nap a kertben?

4. Miért szereti a szerző a kertet?

5. Milyen gyógynövényeket ültet a szerző a kertben?

6. Miért fontos a szerzőnek, hogy sok szín van a kertjében?

7. Hogyan teszi változatossá a szerző a kertjét?

8. Mit érez a szerző, amikor a kertjében dolgozik?

9. Mitől érzi magát a szerző összekötve, amikor a kertjében van?

10. Miért jó nap minden nap a szerző kertjében?

Domande di comprensione

1. Dove si trova il giardino dell'autore?

2. Quanti polli ha l'autore?

3. Che cosa fa l'autore in giardino ogni giorno?

4. Perché all'autore piace il giardino?

5. Quali sono le erbe che l'autore pianta nel giardino?

6. Perché è importante per l'autore che ci siano molti colori nel suo giardino?

7. Come fa l'autore a dare varietà al suo giardino?

8. Come si sente l'autore quando lavora nel suo giardino?

9. Cosa fa sentire l'autore in sintonia quando è nel suo giardino?

10. Perché ogni giorno nel giardino dell'autore è un buon giorno?

Vásárolni megyünk

Szeretek **vásárolni a** bevásárlóközpontban. Mindig olyan jó móka sétálni és nézegetni a különböző üzleteket. A bevásárlóközpontban mindenki számára van valami, és mindig nagyszerű hely, ahol ruhákat, cipőket és kiegészítőket lehet vásárolni. **Általában** úgy kezdem a vásárlást, hogy a pláza **főbejáratán** keresztül sétálok. Onnan először a kedvenc üzleteim felé veszem az irányt. Miután végignéztem ezeket az üzleteket, körbesétálok, és megnézem, hogy más helyeken is vannak-e leárazások. Általában néhány órát eltöltök a bevásárlóközpontban, mire végre bevásárolok. Mindig szeretek időt szakítani a vásárlásra, **mert** biztos akarok lenni benne, hogy **pontosan** azt veszem meg, amit szeretnék. Ráadásul így sokkal szórakoztatóbb is!

Mindig olyan **lenyűgözőnek** találom az emberek megfigyelését, amikor a bevásárlóközpontban vagyok. Tényleg sokat elárul egy emberről az, ahogyan vásárol. Vannak, akik nagyon módszeresek és időt szánnak rá, míg mások úgy tűnik, hogy csak felkapnak **mindent,** amit csak tudnak, és a lehető leggyorsabban a pénztárhoz mennek. Vannak olyan vásárlók is, akiket jobban érdekel a mobiltelefonjukon való beszélgetés vagy az SMS-ezés, mint az áruk megtekintése! Nem számít azonban, milyen vásárló

Fare shopping

Mi piace andare **a fare shopping al** centro commerciale. È sempre molto divertente passeggiare e guardare tutti i diversi negozi. Al centro commerciale ce n'è per tutti i gusti ed è sempre un ottimo posto per trovare offerte su vestiti, scarpe e accessori. **Di solito** inizio il mio shopping attraversando l'**ingresso** principale del centro commerciale. Da lì, mi dirigo prima verso i miei negozi preferiti. Dopo aver dato un'occhiata a quei negozi, vado in giro a vedere se ci sono saldi in corso in altri posti. Di solito trascorro un paio d'ore nel centro commerciale prima di fare i miei acquisti. Mi piace sempre prendermi il tempo necessario per fare shopping**, perché** voglio essere sicura di acquistare **esattamente** ciò che voglio. In più, così è più divertente!

Trovo sempre molto **affascinante** osservare le persone mentre sono al centro commerciale. Si può capire molto di una persona dal modo in cui fa acquisti. Alcune persone sono molto metodiche e si prendono il loro tempo, mentre altre sembrano prendere **tutto quello che** possono e dirigersi alla cassa il più velocemente possibile. Ci sono anche quelli che sembrano più interessati a parlare al cellulare o a mandare messaggi piuttosto che guardare la merce! A prescindere dal tipo

vagy, úgy tűnik, mindenki élvezi a kirakatvásárlást - még akkor is, ha valójában nem veszel semmit. Van valami, ami boldoggá tesz, amikor a **kirakatokban** lévő szép dolgokat nézegetem. Néha arról fantáziálok, milyen lenne, ha **mindent** megengedhetnék magamnak, amit látok! Mindent egybevetve, egy napot a bevásárlóközpontban tölteni vásárlással az egyik kedvenc időtöltésem. Remek módja a kikapcsolódásnak és a lazításnak, miközben egy kis testmozgást is kapok (ha eleget sétálok). Ráadásul **mindig** jól esik időnként megkényeztetni magad egy új pólóval vagy cipővel!

Hosszú napom volt a munkahelyemen, és végre volt egy kis időm magamra, ezért úgy döntöttem, hogy elmegyek vásárolni a bevásárlóközpontba. Szükségem volt néhány új ruhára a **következő** szezonra. Amint beléptem, megláttam a sok fényes fényt és a csillogó kirakatokat. Először a kedvenc üzletem felé vettem az irányt, és elkezdtem böngészni a polcokat. Találtam néhány csinos felsőt, és felpróbáltam őket az öltözőben. Miközben a tükörben néztem magam, hallottam, hogy valaki bejön az öltözőm melletti próbafülkébe. Felismertem a hangját, mint az egyik munkatársamat. Köszöntöttük egymást, és beszélgetni kezdtünk a munkáról. Néhány perc múlva mindketten végeztünk, és **külön** utakon folytattuk, de később újra összefutottunk. Folytattuk a beszélgetést, és rájöttünk, hogy több közös van bennünk, mint gondoltuk.

di acquirente, però, sembra che a tutti piaccia guardare le vetrine, anche se non si compra nulla. C'è qualcosa che mi rende felice nel guardare tutte le belle cose nelle **vetrine** dei negozi. A volte fantastico su come sarebbe se potessi permettermi **tutto quello che** vedo! Tutto sommato, trascorrere una giornata di shopping al centro commerciale è uno dei miei passatempi preferiti. È un ottimo modo per rilassarsi e distendersi, facendo anche un po' di esercizio fisico (se si cammina abbastanza). Inoltre, è **sempre** bello concedersi una camicia o un paio di scarpe nuove ogni tanto!

Ho avuto una **lunga** giornata di lavoro e finalmente avevo un po' di tempo per me, così ho deciso di andare a fare shopping al centro commerciale. Mi servivano dei vestiti nuovi per la **prossima** stagione. Appena sono entrata, ho visto tutte le luci e le vetrine scintillanti. Mi sono diretta prima al mio negozio preferito e ho iniziato a sfogliare gli scaffali. Ho trovato alcuni top carini e li ho provati nel camerino. Mentre mi guardavo allo specchio, sentii qualcuno entrare nel **camerino** accanto al mio. Ho riconosciuto la sua voce come quella di una mia collega. Ci siamo salutati e abbiamo iniziato a chiacchierare di lavoro. Dopo qualche minuto, entrambi abbiamo finito e siamo andati per la **nostra** strada, ma ci siamo incontrati di nuovo più tardi. Abbiamo continuato a chiacchierare e ci siamo resi conto di avere in comune più di quanto pensassimo.

Értelmezési kérdések

1. Hol szeretsz a legjobban tárolni?

2. Melyik a kedvenc boltja a bevásárlóközpontban?

3. Mennyi ideig szokott a bevásárlóközpontban maradni?

4. Mit gondolsz azokról az emberekről, akik sok időt töltenek a bevásárlóközpontban?

5. Mi a kedvenc dolgod a plázában?

6. Vettél már valamit a bevásárlóközpontban, amikor valójában nem volt rá szükséged?

7. Hogyan reagálsz, ha látsz valamit a bevásárlóközpontban, amit nagyon szeretnél, de túl drága?

8. Láttál már valamit a bevásárlóközpontban, és elgondolkodtál azon, hogy ki venné meg?

9. Mi a véleménye azokról az emberekről, akik a plázában a mobiltelefonjukkal vannak elfoglalva ahelyett, hogy az üzleteket nézegetnék?

10. Szerinted a bevásárlóközpont jó hely a barátokkal való találkozásra?

Domande di comprensione

1. Dove vi piace di più conservare?

2. Qual è il vostro negozio preferito nel centro commerciale?

3. Quanto tempo si ferma di solito al centro commerciale?

4. Cosa pensa delle persone che trascorrono molto tempo al centro commerciale?

5. Qual è la cosa che preferite fare al centro commerciale?

6. Avete mai comprato qualcosa al centro commerciale quando non ne avevate davvero bisogno?

7. Come reagite quando al centro commerciale vedete qualcosa che vi piacerebbe molto, ma che costa troppo?

8. Avete mai visto qualcosa al centro commerciale e vi siete chiesti chi lo avrebbe comprato?

9. Qual è la sua opinione sulle persone che al centro commerciale sono impegnate con il cellulare invece di guardare i negozi?

10. Pensi che il centro commerciale sia un buon posto per incontrarsi con gli amici?

A piacon

Szombat reggel korán kelek, és alig várom, hogy a **piacra** érjek, mielőtt túl zsúfolt lesz. Felkapok néhány ruhát, és elindulok az ajtó felé, útközben felkapom az újrahasználható táskáimat. Séta közben elkezdem tervezgetni, hogy mit akarok készíteni az előttem álló hétre. Tudom, hogy legalább egyszer zöldségeket akarok **sütni, ezért** jó minőségű zöldségeket kell vennem. Levest vagy pörköltet is szeretnék készíteni, úgyhogy húsra is szükségem lesz. Majd meglátom, hogy mi néz ki jól, amikor odaérek. A piac már csak néhány saroknyira van, és már látom a felállított standokat és az **embereket, akik** ott nyüzsögnek.

Megérkezem a piacra, és egyenesen a zöldséges stand felé veszem az irányt. Gyönyörű a választék, és megtöltöm a táskámat a legkülönfélébb **friss** termékekkel. Egy kicsit elbeszélgetek a gazdával, és ő ajánl nekem néhány receptet. Izgatottan várom, hogy kipróbáljam őket. Vásárlás közben beszélgetek a **gazdákkal**, megismerkedem velük és a termékeikkel. Miután minden szükséges zöldséget beszereztem, továbbmegyek a húsrészlegre. Itt egy kicsit tétovább vagyok, mivel nem vagyok biztos benne, hogy mit akarok venni. Végül a csirke mellett döntök, mert az sokoldalúan felhasználható, és sokféle ételhez

Al mercato

Mi sveglio presto il sabato mattina, desiderosa di andare al **mercato** prima che sia troppo affollato. Mi infilo i vestiti e mi avvio verso la porta, prendendo le mie borse riutilizzabili. Mentre cammino, inizio a pianificare quello che voglio fare per la settimana a venire. So che voglio **arrostire le** verdure almeno una volta, quindi dovrò comprare delle verdure di buona qualità. Voglio anche fare una zuppa o uno stufato, quindi dovrò comprare anche della carne. Dovrò vedere cosa c'è di buono quando arriverò lì. Il mercato è a pochi isolati di distanza e vedo già le bancarelle allestite e la **gente** che vi si aggira.

Arrivo al mercato e mi dirigo subito verso il banco delle verdure. La scelta è bellissima e riempio le mie borse con una grande varietà di prodotti **freschi**. Parlo un po' con il contadino e mi consiglia alcune ricette. Non vedo l'ora di provarle. Mentre faccio la spesa, chiacchiero con i **contadini** per conoscere meglio loro e i loro prodotti. Dopo aver preso tutte le verdure che mi servono, passo al reparto carne. Qui sono un po' più titubante, perché non sono sicuro di quello che voglio prendere. Alla fine scelgo il pollo, perché è versatile e può essere utilizzato in diversi piatti. Compro anche alcuni tagli di carne diversi, assicurandomi di prendere

felhasználható. Veszek néhány különböző húsdarabot is, ügyelve arra, hogy füvesített marhahúst és szabadon tartott **csirkét** vegyek. A hentes barátságos ember volt, mindig vidám, a hosszú munkaidő ellenére is. Becsomagolta a csirkemellet és a steaket, mielőtt elbeszélgetett velem a hétvégi terveiről. Elköszöntem tőle, és folytattam az utamat. Vettem még néhány tojást és sajtot is a tejtermékrészlegből.

A piacon nyüzsgött az emberektől, akik mindannyian alig várták, hogy **hozzájussanak a** friss termékekhez és húsokhoz, amelyeket kínáltak. A levegőben sűrű fokhagyma- és hagymaszag terjengett, és nevetés és beszélgetés hangja töltötte be a levegőt. Utat törtem magamnak a tömegben, hogy kiválogassam a heti bevásárláshoz szükséges többi árucikket. Megtöltöttem a **kosaram** gyümölcsökkel és zöldségekkel, tésztákkal és kenyérrel, mielőtt a pénztár felé indultam. A sor hosszú volt, de gyorsan haladt. Végül az utolsó **élelmiszereket is** megvettem, és ideje volt hazamenni. A kocsiba bepakoltam, és a hazafelé vezető út hosszú és fárasztó volt. A forgalom nagy volt, a hőség pedig nyomasztó. Végül a kocsi behajtott a kocsibeállóba, és a megkönnyebbülés kézzelfogható volt. A ház hűvös és csendes volt, és menedéket jelentett a piaci **nyüzsgés** után. Mindent elpakoltak, és a házban hamarosan visszatért a megszokott nyugalom és csend.

carne di manzo nutrita con erba e **pollo** allevato all'aperto. Il macellaio era un uomo cordiale, sempre allegro nonostante le lunghe ore di lavoro. Mi ha incartato i petti di pollo e la bistecca prima di parlarmi dei suoi programmi per il fine settimana. Lo salutai e proseguii per la mia strada. Ho preso anche delle uova e del formaggio dal reparto latticini.

Il mercato era pieno di gente, tutti desiderosi di mettere le **mani sui** prodotti freschi e sulla carne che venivano offerti. Nell'aria si sentiva l'odore dell'aglio e delle cipolle, e il suono delle risate e delle conversazioni riempiva l'aria. Mi feci strada tra la folla, scegliendo gli altri articoli necessari per la mia spesa settimanale. Riempii il mio **cestino** di frutta e verdura, pasta e pane, prima di dirigermi alla cassa. La fila era lunga, ma si snodava rapidamente. Finalmente gli ultimi acquisti furono fatti ed era ora di tornare a casa. L'auto fu caricata e il viaggio verso casa fu lungo e noioso. Il traffico era intenso e il caldo opprimente. Alla fine l'auto entrò nel vialetto e il sollievo fu palpabile. La casa era fresca e silenziosa ed era un rifugio dopo il **trambusto** del mercato. Tutto fu messo a posto e la casa tornò presto alla sua solita pace e tranquillità.

Értelmezési kérdések

1. Hová megy a személy?

2. Mit szeretne vásárolni az illető?

3. Hány táskája van az illetőnek?

4. Milyen messze van a piac?

5. Mit csinál most az illető?

6. Mi minden van a piacon?

7. Hányan vannak a piacon?

8. Mennyi időbe telt, amíg az illető mindent megvásárolt?

9. Hogyan ment haza a személy?

10. Mit csinált az illető, amikor hazaért?

Domande di comprensione

1. Dove sta andando la persona?

2. Cosa vuole comprare la persona?

3. Quante borse ha la persona?

4. Quanto è lontano il mercato?

5. Cosa sta facendo la persona in questo momento?

6. Che cos'è il mercato?

7. Quante persone ci sono nel mercato?

8. Quanto tempo ha impiegato la persona a comprare tutto?

9. Come è tornata a casa la persona?

10. Cosa ha fatto la persona quando è tornata a casa?

Egy kávézóban

Hűvös **őszi** reggel volt, és úgy beszéltem meg, hogy találkozom a barátnőmmel, Lilivel a kedvenc kávézónkban egy kávéra. Melegen bebugyoláltam magam a kabátomba és a sálamba, és elindultam. A levelek lehullottak a fákról, és a levegő csípős volt, de a nap sütött, és gyönyörű napnak ígérkezett. Ahogy sétáltam, arra **gondoltam,** milyen jó, hogy van egy olyan barátom, mint Lily. Évek óta barátok voltunk, mióta az **egyetemen** találkoztunk. Összekötött bennünket a kávé iránti szeretetünk és a kávézókban való beszélgetés. Bár most a város különböző részein éltünk, még mindig sikerült hetente egyszer találkoznunk egy kávéra. Megérkeztem a kávézóba, és Lily már ott várt rám. Megöleltük egymást üdvözölve, majd megrendeltük a kávénkat. Találtunk egy asztalt az ablak mellett, és letelepedtünk beszélgetni. A **kávé** finom volt, mint mindig, és olyan jó volt Lilyvel beszélgetni. Beszélgettünk a hetünkről, a munkánkról és a jövőbeli terveinkről. Lilivel mindig olyan könnyű volt beszélgetni, és úgy éreztem, bármit elmondhatok neki. Egy idő után kezdtünk megéhezni, és **úgy döntöttünk**, hogy rendelünk valami kaját.

Megrendeltük az ételt, és helyet foglaltunk az ablaknál. Az ablakon keresztül besütött a nap, amitől minden

In un caffè

Era una fredda mattina **d'autunno** e avevo fissato un appuntamento con la mia amica Lily al nostro bar preferito per un caffè. Mi avvolsi al caldo nel cappotto e nella sciarpa e mi avviai. Le foglie cadevano dagli alberi e l'aria era pungente, ma il sole splendeva e prometteva di essere una bella giornata. Mentre camminavo, **pensavo** a quanto fosse bello avere un'amica come Lily. Eravamo amiche da anni, da quando ci eravamo conosciute all'**università**. Avevamo legato per il nostro amore per il caffè e per il tempo trascorso a chiacchierare nei bar. Anche se ora vivevamo in zone diverse della città, riuscivamo comunque a vederci per un caffè una volta alla settimana. Arrivai al caffè e Lily era già lì ad aspettarmi. Ci salutammo con un abbraccio e poi ordinammo i nostri caffè. Trovammo un tavolo vicino alla finestra e ci sedemmo a chiacchierare. Il **caffè** era delizioso, come sempre, ed è stato così bello recuperare il tempo perduto con Lily. Parlammo della nostra settimana, dei nostri lavori e dei nostri progetti per il futuro. Era sempre così facile parlare con Lily e mi sembrava di poterle dire tutto. Dopo un po' cominciammo ad avere fame e **decidemmo** di ordinare qualcosa da mangiare.

Ordinammo il cibo e trovammo posto vicino alla

melegnek és boldognak tűnt. Beszélgettünk, miközben ettük az ételt, és élveztük egymás **társaságának** egyszerű örömét. A kávézó forgalmas volt, de nem éreztük zsúfoltnak. A béke és az elégedettség érzése volt a levegőben. Ahogy befejeztük az ételt, még egy darabig ültünk, és élveztük a békés **légkört**. Egy darabig beszélgettünk különböző dolgokról, amelyek az életünkben történtek. Olyan jó volt beszélgetni a barátommal, és csak **lazítani**. A nap besütött az ablakon, és úgy éreztük, **semmi sem** ronthatja el a tökéletes napunkat.

Hirtelen hangos csattanást hallottam. Megfordultam, és láttam, hogy egy férfi átesett a mennyezeten, és előttünk fekszik a földön. Por és törmelék **borította**, és úgy tűnt, hogy eszméletlen. A barátom és én is sokkot kaptunk, ahogy a földön fekvő férfit bámultuk. Nem tudtuk, mit tegyünk, vagy kit hívjunk segítségül. Csak ültünk ott és bámultuk, nem tudtuk, mit tegyünk. Néhány perc múlva magamhoz tértem, és hívtam a 911-et. A központos azt mondta, hogy hamarosan érkezik valaki. Letettem a telefont, és elmondtam a barátomnak, amit a **központos** mondott. Mindketten csak ültünk ott, és vártuk, hogy megérkezzen a segítség. Örökkévalóságnak tűnt, de végül megjelent egy mentőautó. A mentősök berohantak, és elkezdték ellátni a férfit. Gyorsan megállapították, hogy megsérült, és **kórházba** kell vinni.

finestra. Il sole entrava dalla finestra, rendendo tutto più caldo e felice. Chiacchierammo mentre mangiavamo, godendoci il semplice piacere di stare in **compagnia**. Il caffè era affollato, ma non sembrava affollato. C'era una sensazione di pace e soddisfazione nell'aria. Finito il cibo, ci sedemmo ancora per un po', godendoci l'**atmosfera** tranquilla. Abbiamo parlato per un po' di cose diverse che stavano accadendo nelle nostre vite. È stato così bello recuperare il tempo perduto con la mia amica e **rilassarsi**. Il sole splendeva attraverso la finestra e sembrava che **nulla** potesse rovinare la nostra giornata perfetta.

All'improvviso sentii un forte schianto. Mi girai e vidi che un uomo era caduto dal soffitto e giaceva sul pavimento di fronte a noi. Era **coperto** di polvere e detriti e sembrava privo di sensi. Io e il mio amico eravamo entrambi sotto shock mentre fissavamo l'uomo steso sul pavimento. Non sapevamo cosa fare o chi chiamare aiuto. Rimanemmo lì a fissarlo, senza sapere cosa fare. Dopo qualche minuto mi sono ripreso e ho chiamato il 911. L'operatore mi disse che qualcuno sarebbe arrivato presto. Riattaccai il telefono e raccontai al mio amico quello che mi aveva detto l'**operatore**. Rimanemmo entrambe sedute ad aspettare l'arrivo dei soccorsi. Sembrava un'eternità, ma alla fine **arrivò** un'ambulanza. I paramedici si precipitarono e iniziarono a lavorare sull'uomo. Hanno subito stabilito che era ferito e che doveva essere portato in **ospedale**.

Értelmezési kérdések

1. Honnan jön a tetőn áteső ember?

2. Miért van a nő a barátnőjével a kávézóban?

3. Mi a két barát kedvenc kávézója?

4. Mióta ismeri egymást a két barát?

5. Mi a két barát kedvenc itala?

6. Melyik városban él a két barát?

7. Milyen gyakran találkozik a két barát?

8. Miről beszélget a két barát, amikor először találkoznak a kedvenc kávézójukban?

9. Mi a két barát kedvenc étele?

10. Miért olyan könnyű beszélni Lilivel?

Domande di comprensione

1. Da dove viene l'uomo che cade dal tetto?

2. Perché la donna è con la sua amica nel caffè?

3. Qual è il caffè preferito dai due amici?

4. Da quanto tempo i due amici si conoscono?

5. Qual è la bevanda preferita dai due amici?

6. In quale città vivono i due amici?

7. Quanto spesso si incontrano i due amici?

8. Di cosa parlano i due amici quando si incontrano per la prima volta nel loro caffè preferito?

9. Qual è il cibo preferito dai due amici?

10. Perché è così facile parlare con Lily?

Úszás

A medence mindig **üdítő volt, és ez** ma sem volt másképp. A nap sütött, a víz pedig hívogatónak tűnt. Vettem egy mély lélegzetet, és belevetettem magam, éreztem a víz hűs ölelését. Egy darabig úsztam a köröket, élveztem a testmozgást és a lehetőséget, hogy kiszellőztethetem a fejem. Egy idő után kiszálltam és megszárítkoztam, majd leültem egy törölközőre, hogy pihenjek a napon. Behunytam a szemem, és hagytam, hogy a **meleg** átjárjon, éreztem, hogy az izmaim kezdenek ellazulni. Hirtelen csobbanást hallottam, és kinyitottam a szemem, hogy lássam a kishúgomat, **amint a** sekély vízben **evickél.** Mosolyogva néztem őt egy darabig, majd felálltam és odamentem hozzá. Egy darabig beszélgettünk, és együtt eveztünk, élvezve egymás társaságát. Hamarosan csatlakoztak hozzánk a szüleink, és a délután hátralévő részét együtt töltöttük úszással és játékkal. Mindig olyan jó volt a családdal együtt tölteni az időt a medencében. Van **valami** a vízben, ami összehozza az embereket. Talán azért, mert a vízben mindannyian egyenlőek vagyunk - nem tudjuk elrejteni a hibáinkat, vagy úgy tenni, mintha nem lennénk azok, akik vagyunk. Vagy talán csak azért, mert jó móka! **Bármi legyen is** az ok, én csak örültem, hogy mindannyian összejöhettünk és élvezhettük egymás társaságát egy ilyen különleges helyen.

Andare a nuotare

La piscina era sempre un luogo **rinfrescante** e oggi non era diverso. Il sole splendeva e l'acqua sembrava invitante. Feci un respiro profondo e mi tuffai, sentendo il fresco abbraccio dell'acqua. Nuotai per un po', godendomi l'esercizio e la possibilità di schiarirmi le idee. Dopo un po' uscii e mi asciugai, poi mi sedetti su un asciugamano per rilassarmi al sole. Chiusi gli occhi e lasciai che il **calore** mi avvolgesse, sentendo i miei muscoli iniziare a rilassarsi. All'improvviso sentii uno spruzzo e aprii gli occhi per vedere la mia sorellina **che sguazzava** nel basso fondale. Sorrisi e la osservai per un po', poi mi alzai e mi avvicinai a lei. Chiacchierammo per un po' e pagaiarono insieme, godendo della reciproca compagnia. Presto i nostri genitori ci raggiunsero e passammo il resto del pomeriggio nuotando e giocando insieme. Era sempre così bello passare del tempo con la famiglia in piscina. C'è **qualcosa** nello stare in acqua che sembra unire le persone. Forse perché quando siamo in acqua siamo tutti uguali, non possiamo nascondere i nostri difetti o fingere di essere ciò che non siamo. O forse è solo perché è divertente! **Qualunque sia** la ragione, mi ha fatto piacere che ci siamo riuniti tutti insieme e che ci siamo goduti la reciproca compagnia in un luogo così speciale.

A nap a bőrömre sütött, és a levegőben klórszag terjengett. Hallottam a gyerekek nevetését és csobbanását a medencében. A medence melletti nyugágyon feküdtem, magamba szívtam a napot és **élveztem** a napot. Behunytam a szemem, és már éppen elaludtam volna, amikor meghallottam, hogy valaki odajön hozzám. Kinyitottam a szemem, és láttam, hogy egy nő áll mellettem. Bikini volt rajta, és egy törölközőt tekert a dereka köré. Hosszú szőke haja és kék szeme volt. Egy üveg **naptejet** tartott a kezében. “Nem bánod, ha bekenem a hátadat naptejjel?” - kérdezte. “Nem, nem gond” - mondtam, és felültem, hogy elérje a hátamat. Éreztem a kezét a bőrömön, ahogy felkeni a naptejet.

Az érintése gyengéd volt, és a naptej illata megnyugtató. Újra lehunytam a szemem, és hagytam, hogy ellazuljak. Hallottam, **ahogy** mozog, de nem nyitottam ki a szemem. Elégedetten feküdtem a napon, és hallgattam a partnak **csapódó** hullámok hangját. Néhány perc múlva elsétált, és én kinyitottam a szemem. Figyeltem, ahogy visszasétál a nyugágyához, és felveszi a könyvét. Letelepedett a székébe, és olvasni kezdett. Újra lehunytam a szemem, és hagytam, hogy álomba merüljek. **Azt álmodtam**, hogy úszom a medencében, és oda-vissza róttam a köröket. A víz frissítő és hűsítő volt a bőrömön.

Il sole batteva sulla mia pelle e l'odore di cloro era nell'aria. Sentivo il rumore dei bambini che ridevano e sguazzavano nella piscina. Ero sdraiata su una sedia a **sdraio** accanto alla piscina, a prendere il sole e a **godermi la** giornata. Avevo gli occhi chiusi e stavo per addormentarmi quando sentii qualcuno avvicinarsi a me. Aprii gli occhi e vidi una donna in piedi accanto a me. Indossava un bikini e aveva un asciugamano avvolto intorno alla vita. Aveva lunghi capelli biondi e occhi azzurri. Aveva in mano un flacone di **crema solare**. "Ti dispiace se ti metto un po' di crema solare sulla schiena?", mi chiese. "No, va bene", risposi, sedendomi in modo che potesse raggiungermi la schiena. Sentii le sue mani sulla mia pelle mentre applicava la crema solare.

Il suo tocco era delicato e il profumo della crema solare era rilassante. Chiusi di nuovo gli occhi e mi rilassai. Sentivo il **rumore** dei suoi movimenti, ma non aprii gli occhi. Mi accontentai di stare sdraiato al sole, ascoltando il rumore delle onde **che si infrangevano** sulla riva. Dopo qualche minuto si allontanò e io aprii gli occhi. La guardai mentre tornava alla sua poltrona e prendeva il suo libro. Si sistemò sulla sedia e iniziò a leggere. Chiusi di nuovo gli occhi e mi lasciai andare al sonno. **Sognai** che stavo nuotando in piscina, facendo dei giri avanti e indietro. L'acqua era rinfrescante e fresca sulla mia pelle.

Értelmezési kérdések

1. Hol volt az elbeszélő, amikor elkezdi a történetet?

2. Mit érez az elbeszélő, amikor kinyitja a szemét?

3. Mit hall az elbeszélő, amikor kinyitja a szemét?

4. Kinek ad a nő naptejet az elbeszélőnek?

5. Miről álmodik az elbeszélő?

6. Miért olyan különleges az elbeszélő számára a tengerben való úszás?

7.Milyen érzés a víz, amelyben az elbeszélő úszik?

8. Mit lát az elbeszélő, amikor kijön a vízből?

9. Mit csinál a nő, miután bekente a naptejjel az elbeszélőt?

10. Miről beszélget az elbeszélő és a nő a történet végén?

Domande di comprensione

1. Dove si trovava il narratore quando ha iniziato la storia?

2. Che odore sente il narratore quando apre gli occhi?

3. Cosa sente il narratore quando apre gli occhi?

4. Di chi è la crema solare che la donna dà al narratore?

5. Che cosa sogna il narratore?

6. Perché il bagno in mare è così speciale per il narratore?

7.Come si sente l'acqua in cui nuota il narratore?

8. Cosa vede il narratore quando esce dall'acqua?

9. Cosa fa la donna dopo aver messo la crema solare al narratore?

10. Di che cosa parlano il narratore e la donna alla fine della storia?

A fűnyírás

Délelőtt 10 óra van egy nyári **szombaton,** és a nap már kegyetlenül süt. Kibattyogsz a garázsba a fűnyíróért, és úgy érzed, mintha kényszermunkára **ítéltek volna.** Elkezded nyírni a füvet, ügyelve arra, hogy szép lassan menj, nehogy kihagyj egy foltot is. Miközben nyírsz, arra gondolsz, milyen jó érzés kint lenni a friss levegőn. Ahogy elkezded ide-oda tologatni a fűnyírót a gyepen, a **szemed** sarkából meglátod a szomszédodat. Integetsz és köszönsz neki, ő pedig visszainteget.

Néhány perc múlva végeztél, és átmész a szomszédodhoz, hogy megigyál vele egy sört az előkertben. **Tökéletes** nap van - nem túl meleg, enyhe szellő fúj. Ott ülsz a fa árnyékában, kortyolgatod a sörödet, és beszélgetsz a szomszédoddal. Az ilyen napok miatt értékeli az ember a nyarat. Aztán bemegy a házba egy jól megérdemelt sörre. Lehuppansz egy székre a verandán, és elégedetten sóhajtva felbontod a doboz sört. A fűnyíró hangja háttérbe szorul, miközben az árnyékban pihensz, és élvezed a pillanat **békéjét.** A sör íze különösen jó a hőségben végzett kemény munka után. Éppen be akartam menni, amikor zajt hallottam a szomszédból.

Úgy hangzott, mintha valaki sírna. Abbahagytam

Tagliare il prato

Sono le 10 del mattino di un **sabato** estivo e il sole picchia già senza pietà. Si va in garage a prendere il tosaerba, con la sensazione di essere **condannati** ai lavori forzati. Iniziate a tagliare il prato, facendo attenzione ad andare piano per non perdere nessun punto. Mentre si taglia, si pensa a quanto sia bello stare all'aria aperta. Mentre iniziate a spingere il tosaerba avanti e indietro per il prato, con la coda dell'**occhio** vedete il vostro vicino. Lo salutate con la mano e lui ricambia.

Dopo qualche minuto, avete finito e vi recate a casa del vostro vicino per bere una birra con lui nel giardino davanti a casa. È una giornata **perfetta**: non fa troppo caldo e soffia una leggera brezza. Ci si siede all'ombra dell'albero, sorseggiando la birra e chiacchierando con il vicino. Sono giornate come questa che fanno apprezzare l'estate. Poi si **entra** in casa per una meritata birra. Ci si sdraia su una sedia del portico e si apre la lattina, tirando un sospiro soddisfatto. Il rumore del tosaerba passa in secondo piano mentre vi rilassate all'ombra, godendovi la **tranquillità del** momento. La birra ha un sapore ancora più buono dopo tutto quel duro lavoro al caldo. Stavo per rientrare in casa quando ho sentito un rumore nella stanza accanto.

a kaszálást, és odamentem a kerítéshez, amely elválasztotta az udvarainkat. Átnéztem, és láttam, hogy a szomszédom, Mrs. Johnson sír a verandahintán. Kiáltottam neki, de nem hallotta. Átmásztam a kerítésen, és odamentem hozzá. “Mrs. Johnson, jól van?” Kérdeztem. Könnyes szemmel nézett rám, és megrázta a fejét. “Nem, nem vagyok jól” - mondta. “A macskám tegnap meghalt.” Megdöbbentem. Nem tudtam, mit mondjak. Csak álltam ott kínosan, nem tudtam, mit tegyek. Végül a **vállára** tettem a kezem, és azt mondtam: “Nagyon sajnálom, Mrs. Johnson. Ha bármiben segíthetek, kérem, szóljon. “ Megrázta a fejét, és azt mondta: “Nem, senki **sem** tehet **semmit**”. Aztán felállt és bement a házába. Egy pillanatig csak álltam ott, nem tudtam, mit tegyek. Aztán visszamentem füvet nyírni. Ahogy befejeztem, nem tudtam nem gondolni Mrs. Johnsonra és a macskájára.

Sembrava che qualcuno stesse piangendo. Smisi di falciare e mi avvicinai alla recinzione che separava i nostri cortili. Mi affacciai e vidi la mia vicina, la signora Johnson, che piangeva sul dondolo del suo portico. La chiamai, ma non mi sentì. Scavalcai la recinzione e mi avvicinai a lei. “Signora Johnson, sta bene?”. Le chiesi. Lei mi guardò con le lacrime agli occhi e scosse la testa. “No, non sto bene”, disse. “Ieri è morto il mio gatto”. Ero scioccato. Non sapevo cosa dire. Rimasi lì impacciato, senza sapere cosa fare. Alla fine le misi una mano sulla **spalla** e dissi: “Mi dispiace molto, signora Johnson. Se posso fare qualcosa per aiutarla, me lo faccia sapere”. “Lei scosse la testa e disse: “No, nessuno può fare **niente**”. Poi si alzò ed entrò in casa sua. Rimasi lì per un momento, senza sapere cosa fare. Poi tornai a tagliare il prato. Mentre finivo, non potei fare a meno di pensare alla signora Johnson e al suo gatto.

Értelmezési kérdések

1. Mennyi az idő?

2. Hol kaszál az illető?

3. Hogyan érzi magát a személy?

4. Miért kell lassan nyírni?

5. Milyen időjárás van?

6. Mit csinál a személy a fűnyírás után?

7. Mit hall az illető, mielőtt hazamegy?

8. Ki van Mrs. Johnsonnal?

9. Miért sír Mrs. Johnson?

10. Mit mond az illető Johnson asszonynak?

Domande di comprensione

1. Che ora è?

2. Dove si trova la persona che sta falciando?

3. Come si sente la persona?

4. Perché la persona deve falciare lentamente?

5. Che tempo fa?

6. Cosa fa la persona dopo la falciatura?

7. Cosa sente la persona prima di tornare a casa?

8. Chi è con la signora Johnson?

9. Perché la signora Johnson piange?

10. Cosa dice la persona alla signora Johnson?

Hajvágás

Már hetek óta el akartam menni fodrászhoz, de valahogy mindig sikerült elhalasztanom. De **karácsony közeledtével** tudtam, hogy nem halogathatom tovább. Nem akartam, hogy a családom karácsonyi vacsoráján úgy jelenjek meg, mint egy kócos rendetlenség. Így karácsony reggelén korán reggel elindultam a szalonba. Bár korán volt, a szalon már tele volt másokkal, **akik az** ünnepre készülő hajukat csináltatták. Elfoglaltam a helyem a sorban, és vártam a soromra. Végül én kerültem sorra a székben. A fodrász, egy Jill nevű barátságos nő megkérdezte, mit szeretnék. "Csak egy vágást, semmi drasztikusat" - válaszoltam. Jill nekilátott a munkának, és vágta a hajamat. Miközben dolgozott, elkezdtem ellazulni. Jó érzés volt végre gondoskodni magamról. Mostanában annyira elfoglalt voltam, annyira rohangáltam, hogy mindenki másról gondoskodtam, hogy a saját igényeim háttérbe szorultak. De **most már** nem. Mostantól kezdve időt szántam magamra.

Amikor Jill végzett, belenéztem a tükörbe, és elégedett voltam azzal, amit láttam. A hajam rendezettnek és fényesnek tűnt - tökéletes volt az ünnepi összejövetelekre. **Megköszöntem** Jillnek, és feljegyeztem, hogy gyakrabban jövök vissza. Mostantól elsősorban magammal fogok törődni. Munkához

Tagliarsi i capelli

Erano settimane che volevo tagliarmi i capelli, ma in qualche modo riuscivo sempre a rimandare. Ma con il **Natale** alle porte, sapevo che non potevo più rimandare. Non volevo presentarmi alla cena di Natale della mia famiglia con un aspetto trasandato. Così, la mattina presto di Natale, mi sono recata al salone. Anche se era presto, il salone era già pieno di persone che **si facevano** fare i capelli per le feste. Presi posto nella fila e aspettai il mio turno. Finalmente arrivò il mio turno sulla poltrona. La parrucchiera, una donna gentile di nome Jill, mi chiese cosa volessi. “Solo una spuntatina, niente di troppo drastico”, risposi. Jill si mise al lavoro, tagliando i miei capelli. Mentre lavorava, cominciai a rilassarmi. Mi sentivo bene a prendermi finalmente cura di me stessa. Ultimamente ero stata così occupata a correre in giro per prendermi cura di tutti gli altri, che avevo lasciato cadere in secondo piano i miei bisogni. Ma **ora** non **più**. D’ora in poi avrei trovato il tempo per me stessa.

Quando Jill ha finito, mi sono guardata allo specchio e sono rimasta soddisfatta di ciò che ho visto. I miei capelli avevano un aspetto ordinato e curato, perfetto per le feste. **Ringraziai** Jill e presi **nota** di tornare più spesso. D’ora in poi mi prenderò cura di me

látott, és a hajamat vágta. Arra gondoltam, mennyire hálás vagyok, hogy végre eljutottam a hajvágáshoz. Jó érzés volt tudni, hogy a karácsonyi **vacsorára** szalonképes leszek. Többé nem kellett aggódnom amiatt, hogy a családom ugrat a "kócos" külsőm miatt. Néhány perc múlva a fodrász befejezte a hajvágást, és gyorsan megszárította a hajam. Belenéztem a tükörbe, és elégedett voltam azzal, amit láttam - egy tiszta, ápolt frizura, amely tökéletes lesz a karácsonyi vacsorához. Most, hogy a hajvágáson túl voltam, arra koncentrálhattam, hogy élvezzem az ünnepet a családommal. És ezért még hálásabb voltam.

Olyan **felszabadító** érzés volt, és imádtam, ahogy az új frizurám kinézett. Miután kifizettem a hajvágást, hazamentem, és elkezdtem csomagolni az utazásomra. **Alig** vártam, hogy megmutathassam az új külsőmet a családomnak és a barátaimnak. Tudtam, hogy meg fognak lepődni, amikor meglátnak. A repülés napján bőséges idővel érkeztem meg a repülőtérre. Minden gond nélkül átmentem a biztonsági ellenőrzésen, és hamarosan már úton is voltam. Amint megérkeztem a célállomásomra, éreztem a levegőben az izgalmat. A karácsony határozottan a levegőben volt! A családom ott fogadott a repülőtéren, és mindannyian csodálkoztak az új frizurámon. A következő néhány napot azzal töltöttük, **hogy beszélgettünk** és élveztük egymás **társaságát**.

stessa prima di tutto. Si mise al lavoro per tagliare i miei capelli. Pensai a quanto fossi grata di essermi finalmente decisa a tagliarmi i capelli. Era bello sapere che sarei stata presentabile per la **cena** di Natale. Non avrei più dovuto preoccuparmi che la mia famiglia mi prendesse in giro per il mio aspetto "trasandato". Dopo qualche minuto, la parrucchiera finì di tagliarmi i capelli e mi diede una rapida asciugata. Mi guardai allo specchio e fui felice di ciò che vedevo: un look pulito che sarebbe stato perfetto per la cena di Natale. Ora che il taglio di capelli era stato superato, potevo concentrarmi sulle vacanze con la mia famiglia. Ed ero ancora più grata per questo.

Mi sentivo così **libera** e adoravo l'aspetto del mio nuovo taglio di capelli. Dopo aver pagato il taglio, sono tornata a casa e ho iniziato a fare i bagagli per il mio viaggio. **Non** vedevo l'ora di mostrare il mio nuovo look alla mia famiglia e ai miei amici. Sapevo che sarebbero rimasti sorpresi quando mi avrebbero visto. Il giorno del volo sono arrivata all'aeroporto con molto tempo a disposizione. Ho superato i controlli di sicurezza senza problemi e presto sono partita. Non appena arrivai a destinazione, sentii l'eccitazione nell'aria. Il Natale era decisamente nell'aria! La mia famiglia era lì ad accogliermi all'aeroporto ed erano tutti stupiti del mio nuovo taglio di capelli. Abbiamo trascorso i giorni successivi a **chiacchierare** e a goderci la reciproca **compagnia**.

Értelmezési kérdések

1. Mit kellett a főhősnek karácsony előtt megtennie?

2. Hogyan érezte magát a főhősnő a saját magáról való gondoskodással kapcsolatban?

3. Ki nyírta meg a főszereplő haját?

4. Miért akarta a főhősnő családja piszkálni őt?

5. Hogyan érezte magát a főhősnő, miután levágták a haját?

6. Mit csinált a főhősnő, miután levágatta a haját?

7. Hogyan reagált a főhősnő családja a hajvágásra?

8. Mit csinált a főhős karácsony este?

9. Mitől lett különlegesebb a főszereplő élménye?

10. Mi történne, ha a főhős nem vágatná le a haját?

Domande di comprensione

1. Che cosa doveva fare il protagonista prima di Natale?

2. Come si è sentita la protagonista nel prendersi cura di sé?

3. Chi ha tagliato i capelli al protagonista?

4. Perché la famiglia della protagonista la prendeva in giro?

5. Come si è sentita la protagonista dopo essersi tagliata i capelli?

6. Che cosa ha fatto la protagonista dopo essersi tagliata i capelli?

7. Qual è stata la reazione della famiglia della protagonista al suo taglio di capelli?

8. Che cosa ha fatto il protagonista la vigilia di Natale?

9. Cosa ha reso più speciale l'esperienza del protagonista?

10. Cosa succederebbe se il protagonista non si tagliasse i capelli?

A park

A nap már lement, és a park üres volt. Leültem a padra, és vártam a **barátomat**. Már egy órája úgy volt, hogy itt találkozunk, de ő mindig késett. Amikor már éppen feladtam volna, és hazamentem volna, láttam, hogy felém szalad. “Annyira sajnálom - lihegte, amikor a padhoz ért. “A vonatom **késett.**” “Semmi baj - mondtam **megbocsátóan**. “Én is csak most értem ide.” Leültünk, és egy darabig beszélgettünk, és elbeszélgettünk egymás életéről azóta, hogy utoljára találkoztunk. A beszélgetés **könnyen** folyt, és úgy éreztük, mintha nem is telt volna el idő azóta, hogy utoljára láttuk egymást. Ahogy a nap lement, elbúcsúztunk egymástól, és külön utakon folytattuk utunkat. Legközelebb egy másik parkban találkoztunk. Ismét késett, de nem bántam. Jó volt valakivel beszélgetni, aki **megértett** engem. Beszélgettünk az álmainkról és a **törekvéseinkről**, arról, hogy mit szeretnénk kezdeni az életünkkel. Elmesélte, hogy tervezi, hogy beutazza a világot, én pedig megosztottam az álmomat, hogy író leszek. Ahogy a nap lement egy újabb napon, még egyszer elbúcsúztunk, és megígértük, hogy ezúttal is tartjuk a kapcsolatot.

Teltek az évek, és a **barátságunk** erős maradt, annak

Il parco

Il sole stava tramontando e il parco era vuoto. Mi sedetti sulla panchina ad aspettare la mia **amica**. Avevamo programmato di incontrarci qui un'ora fa, ma lei era sempre in ritardo. Proprio quando stavo per arrendermi e tornare a casa, la vidi correre verso di me. "Mi dispiace tanto", ansimò quando raggiunse la panchina. "Il mio treno è **in ritardo**"."Non c'è problema", dissi **con indulgenza**. "Sono appena arrivato anch'io".
Ci siamo seduti e abbiamo chiacchierato per un po', aggiornandoci sulle nostre vite dall'ultima volta che ci siamo visti. La conversazione è fluita **facilmente** e ci è sembrato che non fosse passato affatto del tempo dall'ultima volta che ci siamo visti. Al tramonto ci siamo salutati e abbiamo preso strade diverse. La volta successiva ci incontrammo in un altro parco. Anche in questo caso era in ritardo, ma non mi dispiaceva. Era bello avere qualcuno con cui parlare che mi **capisse**. Parlammo dei nostri sogni e delle nostre **aspirazioni**, delle cose che volevamo fare nella nostra vita. Lei mi parlò dei suoi progetti di viaggiare per il mondo e io le confidai il mio sogno di diventare scrittrice. Al tramonto di un altro giorno, ci siamo salutate ancora una volta, promettendo di tenerci in contatto questa volta.

Gli anni sono passati e la nostra **amicizia** è rimasta

ellenére, hogy az ország különböző részein éltünk. Levelek és alkalmi telefonhívások révén tartottuk a kapcsolatot, megosztva egymással életünk híreit. Amikor bejelentette, hogy férjhez megy, nem **lepődtem meg** - mindig is **kalandvágyó** típus volt. De amikor megkért, hogy legyek a tanúja az esküvői szertartásán, amely a világ másik felén zajlik, a lakóhelyemtől a világ másik felén... ehhez már kellett némi meggyőzés! Végül azonban nem hagyhattam, hogy a legjobb barátnőm úgy menjen férjhez, hogy én ne legyek mellette, így félelmeim ellenére (és a sok könyörgés után!) **beleegyeztem**, hogy elkísérjem, ami életem **kalandjának bizonyult.**

Végre elérkezett az **esküvő** napja. Ideges voltam, de izgatott, hogy részese lehetek barátom életének egy ilyen fontos pillanatának. A szertartás gyönyörű volt, és ő boldognak tűnt, amikor elmondta a fogadalmát. **Utána** egy nagy bulival ünnepeltünk - úgy tűnt, hogy mindenki, akit ismert, eljött, hogy vele ünnepeljen! **Varázslatos** nap volt, amit soha nem fogok elfelejteni, és a barátságunk csak még erősebb lett ezután a kaland után. Most, évekkel később, még mindig tartjuk a kapcsolatot. Mindketten sokat **változtunk az** első találkozásunk óta, de a barátságunk ugyanolyan erős, mint valaha. Akárhányszor találkozunk - legyen az egy parkban vagy a világ **másik felén** - olyan, mintha nem is telt volna el idő.

forte, anche se ora viviamo in zone diverse del Paese. Ci siamo tenute in contatto tramite lettere e telefonate occasionali, condividendo le notizie della nostra vita. Quando annunciò che si sarebbe sposata, non ne fui **sorpreso**: era sempre stata un tipo **avventuroso**. Ma quando mi ha chiesto di farle da damigella d'onore alla cerimonia di matrimonio che si sarebbe svolta a metà strada dal luogo in cui vivevo... c'è voluto un po' per convincerla! Alla fine, però, non potevo permettere che la mia migliore amica si sposasse senza di me al suo fianco, così, nonostante le mie paure (e dopo molte suppliche da parte sua!), ho **accettato** di partecipare a quella che si è rivelata l'**avventura** di una vita.

Finalmente è arrivato il giorno del **matrimonio**. Ero nervosa, ma entusiasta di partecipare a un momento così importante della vita della mia amica. La cerimonia è stata bellissima e lei sembrava felice mentre pronunciava le sue promesse. **Dopo**, abbiamo festeggiato con una grande festa: sembrava che tutti i suoi conoscenti fossero venuti a festeggiare con lei! È stato un giorno **magico** che non dimenticherò mai, e la nostra amicizia si è rafforzata dopo quell'avventura. Ora, a distanza di anni, ci teniamo ancora in contatto. Siamo **cambiate** molto da quando ci siamo conosciute, ma la nostra amicizia è più forte che mai. Ogni volta che ci incontriamo, che sia in un parco o **dall'altra parte del** mondo, sembra che il tempo non sia mai passato.

Értelmezési kérdések

1. Hol találkozott először a szerző és barátja?

2. Miért késett a szerző barátja a találkozóról?

3. Miről beszélgettek a barátok, amikor évekkel később újra találkoztak?

4. Hogyan érezte magát a szerző, amikor részt vett barátja esküvői szertartásán?

5. Írja le az esküvői szertartás helyszínét.

6. Hogyan változott a két nő barátsága az idők folyamán?

7. Mi a szerző álma?

8. Hová tervez utazni a szerző barátja?

9. Miért vonakodott a szerző, hogy részt vegyen barátja esküvői szertartásán?

Domande di comprensione

1. Dove si sono incontrati per la prima volta l'autrice e la sua amica?

2. Perché l'amico dell'autore è arrivato in ritardo all'incontro?

3. Di che cosa hanno parlato gli amici quando si sono rivisti anni dopo?

4. Come si è sentita l'autrice ad assistere alla cerimonia di matrimonio della sua amica?

5. Descrivete l'ambientazione della cerimonia nuziale.

6. Come è cambiata l'amicizia tra le due donne nel corso del tempo?

7. Qual è il sogno dell'autore?

8. Dove intende viaggiare l'amico dell'autore?

9. Perché l'autrice esitava a partecipare alla cerimonia di matrimonio della sua amica?

www.ingramcontent.com/pod-product-compliance
Lightning Source LLC
LaVergne TN
LVHW010604160826
845677LV00013B/3235

* 9 7 9 8 8 4 6 2 3 0 4 1 5 *